乡村人才振兴培训系列教材

小农户经营与管理

杨建伟　唐俊杰　郑建龙　主编

中国农业科学技术出版社

图书在版编目（CIP）数据

小农户经营与管理 / 杨建伟，唐俊杰，郑建龙主编 . --北京：中国农业科学技术出版社，2021. 4（2022. 1 重印）

ISBN 978-7-5116-5264-5

Ⅰ. ①小…　Ⅱ. ①杨…②唐…③郑…　Ⅲ. ①农户-经营管理-研究-中国　Ⅳ. ①F325. 15

中国版本图书馆 CIP 数据核字（2021）第 060621 号

责任编辑　张志花
责任校对　李向荣
责任印制　姜义伟　王思文

出 版 者　中国农业科学技术出版社
北京市中关村南大街 12 号　邮编：100081
电　　话　(010)82106636(编辑室)　(010)82109702(发行部)
(010)82109709(读者服务部)
传　　真　(010)82106631
网　　址　http://www.castp.cn
经 销 者　各地新华书店
印 刷 者　北京地大彩印有限公司
开　　本　140 mm×203 mm　1/32
印　　张　7. 25
字　　数　200 千字
版　　次　2021 年 4 月第 1 版　2022 年 1 月第 2 次印刷
定　　价　36. 20 元

编委会

前言

我国人多地少，各地农业资源禀赋条件差异很大，很多丘陵山区地块零散，不是短时间内能全面实行规模化经营，也不是所有地方都能实现集中连片规模经营。从现阶段来看，以小农户为主的家庭经营仍是我国农业经营的主要形式，也是我国农业发展必须长期面对的现实。党的十九大报告提出，要实现小农户和现代农业发展有机衔接，2018 年、2019 年中央一号文件接连提出，落实扶持小农户和现代农业发展有机衔接的政策，2019 年 2 月，中共中央办公厅、国务院办公厅印发了《关于促进小农户和现代农业发展有机衔接的意见》。2020 年中央一号文件又指出，鼓励发展多种形式适度规模经营，健全面向小农户的农业社会化服务体系。

为了推进小农户与现代农业发展的有机衔接，帮助小农户掌握现代农业经营管理知识，特编写了本书。本书内容包括概述、小农户与现代农业发展的有机衔接、小农户经营策略、农业项目的选择、农业经营与管理条件的利用、农业生产管理、农产品质量管理、农产品营销与储藏加工、小农户经营风险与防范、案例等。

由于编写时间仓促，再加上编者水平有限，书中难免存在不足之处，敬请广大读者批评指正，以便在再版时修订和完善。

编　者

2021 年 2 月

目录

第一章　概　述

第一节　现代农业的发展

一、现代农业的概念、特征和类型

（一）现代农业的概念

现代农业是一个动态的和历史的概念，它不是一个抽象的东西，而是一个具体的事物，它是农业发展史上的一个重要阶段。现代农业相对于传统农业而言，是广泛应用现代科学技术、现代工业提供的生产资料和科学管理方法进行的社会化农业。在按农业生产力性质和水平划分的农业发展史上，属于农业的最新阶段。

现代农业是指运用现代的科学技术和生产管理方法，对农业进行规模化、集约化、市场化和农场化的生产活动。现代农业是以市场经济为导向，以利益机制为联结，以企业发展为龙头的农业，是实行企业化管理、产销一体化经营的农业。

（二）现代农业的特征

现代农业具有以下基本特征。

第一，具备较高的综合生产率，包括较高的土地产出率和劳动生产率。农业成为一个有较高经济效益和市场竞争力的产业，这是衡量现代农业发展水平的最重要标志。

第二，农业成为可持续发展产业。农业发展本身是可持续的，而且具有良好的区域生态环境。广泛采用生态农业、有机农业、绿色农业等生产技术和生产模式，实现淡水、土地等农业资源的可持续利用，达到区域生态的良性循环，农业本身成为一个良好的可循环生态系统。

第三，农业成为高度商业化的产业。农业主要为市场而生产，具有很高的商品率，通过市场机制来配置资源。商业化是以市场体系为基础的，现代农业要求建立非常完善的市场体系，包括农产品现代流通体系。没有发达的市场体系，就不可能有真正的现代农业。农业现代化水平较高的国家，农产品商品率一般都在 90% 以上，有的产业商品率可达到 100%。

第四，实现农业生产物质条件的现代化。以比较完善的生产条件，基础设施和现代化的物质装备为基础，集约化、高效率地使用各种现代生产投入要素，包括水、电力、农膜、肥料、农药、良种、农业机械等物质投入和农业劳动力投入，从而达到提高农业生产率的目的。

第五，实现农业科学技术的现代化。广泛采用先进适用的农业科学技术、生物技术和生产模式，改善农产品的品质、降低生产成本，以适应市场对农产品需求优质化、多样化、标准化的发展趋势。现代农业的发展过程，实质上是先进科学技术在农业领域广泛应用的过程，是用现代科技改造传统农业的过程。

第六，实现管理方式的现代化。广泛采用先进的经营方式，管理技术和管理手段，从农业生产的产前、产中、产后形成比较完整的紧密联系、有机衔接的产业链条，具有很高的组织化程度。有相对稳定、高效的农产品销售和加工转化渠道，有高效率的把分散的农民组织起来的组织体系，有高效率的现代农业管理体系。

第七，实现农民素质的现代化。具有较高素质的农业经营管理人才和劳动力，是建设现代农业的前提条件，也是现代农业的突出特征。

第八，实现生产的规模化、专业化、区域化。通过实现农业生产经营的规模化、专业化、区域化，降低公共成本和外部成本，提高农业的效益和竞争力。

第九，建立与现代农业相适应的政府宏观调控机制。建立完善的农业支持保护体系，包括法律体系和政策体系。

总之，现代农业的产生和发展，大幅度地提高了农业劳动生产率、土地生产率和农产品商品率，使农业生产、农村面貌和农户行为发生了重大变化。

（三）现代农业的类型

现代农业的划分由于外延的不确定性，划分标准有所不同。通常划分为以下几种。

1. 绿色农业

绿色农业是将农业与环境协调起来，促进可持续发展，增加农户收入，保护环境，同时保证农产品安全性的农业。绿色农业是灵活利用生态环境的物质循环系统，实践农药安全管理技术（IPM）、营养物综合管理技术（INM）、生物学技术和轮耕技术等，从而保护农业环境的一种整体性概念。绿色农业大体上分为有机农业和低投入农业。

2. 休闲农业

休闲农业是利用农业景观资源和农业生产条件，发展观光、休闲、旅游的一种新型农业生产经营方式。游客不仅可以观光、采摘、体验农作、了解农民生活、享受乡间情趣，而且可以住宿、度假、游乐。休闲农业的基本概念是利用农村的设备与空间、农业生产场地、农业自然环境、农业人文资源等，经过规划设计，以发挥农业与农村休闲旅游功能，提升旅游品质，并提高农民收入，促进农村发展的一种新型农业。

3. 工厂化农业

工厂化农业是设计农业的高级层次，是综合运用现代高科技、新设备和管理方法而发展起来的一种全面机械化、自动化技术（资金）高度密集型生产，能够在人工创造的环境中进行全过程的连续作业，从而摆脱自然界的制约。

4. 特色农业

特色农业就是将区域内独特的农业资源（地理、气候、资源、产业基础）、开发区域内特有的名优产品，转化为特色商品的现代农业。特色农业的“特色”在于其产品能够得到消费者的青睐和倾慕，在本地市场上具有不可替代的地位，在外地市场上具有绝对优势，在国际市场上具有相对优势甚至绝对优势。

5. 观光农业

观光农业又称旅游农业或绿色旅游业，是一种以农业和农村为载体的新型生态旅游业。观光农业属于旅游业的范畴，又是休闲农业的组成部分。观光农业有很多类型，如观光农园、农业公园、教育农园、森林公园等。

6. 立体农业

立体农业又称层状农业，是着重于开发利用垂直空间资源的一种农业形式。立体农业的模式是以立体农业定义为出发点，合理利用自然资源、生物资源和人类生产技能，实现由物种、层次、能量循环、物质转化和技术等要素组成的立体模式的优化。

7. 订单农业

订单农业又称合同农业、契约农业，是近年来出现的一种新型农业生产经营模式。所谓订单农业，是指农户根据其本身或其所在的乡村组织与农产品购买者之间所签订的订单，组织安排农产品生产的一种农业产销模式。订单农业很好地适应了市场需要，避免了盲目生产。

二、现代农业发展面临的机遇与挑战

（一）现代农业发展面临的机遇

从信息化发展趋势看，信息社会的到来，为农业农村信息化发展提供了前所未有的良好环境。人类社会经历了农业革命、工业革命，正在经历信息革命。当前，以信息技术为代表的新一轮科技革命方兴未艾，以数字化、网络化、智能化为特征的信息化浪潮蓬勃兴起，为农业农村信息化发展营造了强大势能。党中央、国务院高度重视信息化发展，对实施创新驱动发展战略、网络强国战略、国家大数据战略、“互联网+”行动等做出部署，并把农业农村摆在突出重要位置，为农业农村信息化发展提供了强有力的政策保障。网络经济空间不断拓展，农业农村信息化服务加快普及，网络基础设施建设深入推进，信息消费快速增长，信息经济潜力巨大，为农业农村信息化发展提供了广阔空间。信息技术创新日新月异，并加速与农业农村渗透融合，农业信息技术创新应用不断加快，为农业农村信息化发展提供了坚实的基础支撑。

（二）现代农业发展面临的挑战

从农业现代化建设需求看，加快破解发展难题，为农业农村信息化发展提供了前所未有的内生动力。资源环境约束日益趋紧，农业发展方式亟待转变，迫切需要运用信息技术优化资源配置、提高资源利用效率，充分发挥信息资源新的生产要素的作用。居民消费结构加快升级，农业供给侧结构性改革任务艰巨，迫切需要运用信息技术精准对接产销、提升供给的质量效益和竞争力，充分发挥信息技术核心生产力的作用。农业小规模经营长期存在，规模效益亟待提高，迫切需要运用信息技术探索走出一条具有中国特色的农业规模化路子，充分发挥互联网平台集聚放大单个农户和新型经营主体规模效益的作用。农产品价格提升空间有限，转移就业增收空间收窄，农民持续增收难度加大，迫切需要运用信息技术促进农村大众创业万众创新、发展农业农村新经济，充分发挥“互联网+”开辟农民增收新途径的作用。

同时，我国农业农村信息化正处在起步阶段，基础相当薄弱，发展相对滞后，总体水平不高。思想认识亟待提升。客观上，我国农业正处在由传统农业向现代农业转变的阶段，信息化对农业现代化的作用尚未充分显现。各级农业部门对发展农业农村信息化的重要性、紧迫性的认识有待深化，关心支持农业农村信息化发展的社会氛围有待进一步形成。基础条件建设亟待加强。农业数据采集、传输、存储、共享的手段和方式落后，农业物联网产品和设备还未实现规模量产，支撑电子商务发展的分等分级、包装仓储、冷链物流等基础设施十分薄弱。农业信息技术标准和信息服务体系尚不健全。重要信息系统安全面临严峻挑战。农村网络基础设施建设滞后，互联网普及率尤其是接入能力还较低。科技创新亟待突破。自主创新能力不足，农业物联网生命体感知、智能控制、动植物生长模型和农业大数据分析挖掘等核心技术尚未攻克，技术和系统集成度低、整体效能差。农业信息化学科群和科研团队规模偏小，领军人才和专业人才匮乏。农业信息技术成果转化和推广应用比例低。体制机制亟待创新。管理职能和机构队伍建设没有跟上农业农村信息化发展的需要。投融资机制尚不健全，政府与社会资本合作模式尚未破题，市场化可持续的商业模式亟须探索完善。市场服务和监管制度、软硬件产品检验检测体系不健全。

第二节　小农户的发展背景

一、现实要求

我国是一个农业大国，而非农业强国。我国有着 960 万千米^2 的国土，国土面积在世界上排名第三，可以说是国土辽阔。但是我国是一个有着近 14 亿人口的国度，而农业人口就达 7 亿，可耕作的土地平均到每个农户，往往只能分到“一亩三分地”。地少人多，“大国小农”的情况下更适宜小农户的精耕细作。

“大国小农”仍是我国的基本国情农情——根据第三次农业普查数据，我国小农户数量占到农业经营主体 98%以上，小农户从业人员占农业从业人员 90%，小农户经营耕地面积占总耕地面积的 70%。此外，在经营上呈现小规模甚至超小规模。我国有 2.3 亿户农户，户均经营规模 7.8 亩①，经营耕地 10 亩以下的农户有 2.1 亿，人均“一亩三分地”，户均不过 10 亩田。这些数据表明，当前小农户家庭经营仍是中国农业的主要经营方式。

我国主要农产品由小农户来提供。小农户的贡献是必须肯定的，但当下的发展已经与我国农业供给侧结构性改革、保障粮食安全、满足消费升级需要不相适应，所以必须推进

---

① 1 亩≈667 米^2，15 亩=1 公顷。

小农户的现代化改造。

二、政策推进

在国家层面的政策文件中，首次提到“小农户”是在2018年中央一号文件《中共中央国务院关于实施乡村振兴战略的意见》中。它以整段文字对小农户与现代农业发展的有机衔接进行了阐述。

促进小农户和现代农业发展有机衔接。统筹兼顾培育新型农业经营主体和扶持小农户，采取有针对性的措施，把小农生产引入现代农业发展轨道。培育各类专业化市场化服务组织，推进农业生产全程社会化服务，帮助小农户节本增效。发展多样化的联合与合作，提升小农户组织化程度。注重发挥新型农业经营主体带动作用，打造区域公用品牌，开展农超对接、农社对接，帮助小农户对接市场。扶持小农户发展生态农业、设施农业、体验农业、定制农业，提高产品档次和附加值，拓展增收空间。改善小农户生产设施条件，提升小农户抗风险能力。研究制定扶持小农生产的政策意见。

2019年中央一号文件中，首次提出要落实扶持小农户和现代农业发展有机衔接的政策，完善“农户+合作社”“农户+公司”利益联结机制。

2019年2月中共中央办公厅、国务院办公厅印发的《关于促进小农户和现代农业发展有机衔接的意见》指出，发展多种形式适度规模经营，培育新型农业经营主体，是增加农民收入、提高农业竞争力的有效途径，是建设现代农业的前进方向和必由之路。但也要看到，我国人多地少，各地农业资源禀赋条件差异很大，很多丘陵山区地块零散，不是短时间内能全面实行规模化经营，也不是所有地方都能实现集中连片规模经营。当前和今后很长一个时期，小农户家庭经营将是我国农业的主要经营方式。因此，必须正确处理好发展适度规模经营和扶持小农户的关系。既要把准发展适度规模经营是农业现代化必由之路的前进方向，发挥其在现代农业建设中的引领作用，也要认清小农户家庭经营在很长一段时间内仍是我国农业基本经营形态的国情农情，在鼓励发展多种形式适度规模经营的同时，完善针对小农户的扶持政策，加强面向小农户的社会化服务，把小农户引入现代农业发展轨道。

第三节　小农户的概念、特征和类型

一、小农户的概念

小农户是对经营规模的描述。概括来说，小农户是指因人多地少等禀赋而产生的以家庭为单位、集生产与消费于一体的农业微观主体。具体来说，小农户是指农民个体经营，生产资料归个人所有，以个人劳动为基础，农民的劳动所得归他自己所有的一种经营形式。在不同语境下，“小农户”也可用“小规模农户”“小规模农民”“小规模农业生产”或“小规模农场”等来表示，不同概念表述均可抽象出家庭经营的基础属性。

二、小农户的特征

我国现阶段的小农户不同于小农经济。小农经济作为一种生产方式，不仅具有规模小的形式特征，更为重要的是它具有传统农业的特征。这种特征至少反映在以下 4 个方面。

①小农经济以人畜力为生产手段，完全以农民世代使用的生产要素为基础从事农业生产。不仅劳动生产率低，而且土地生产率也很低，土地产出长期保持在一个较低的水平上。②小农经济是一个封闭的生产系统，所使用的生产要素，除了像犁铧、镐、锄、镰等金属工具需要从市场上购买，其余大量使用的生产资料，包括种子、肥料甚至畜力几乎都是自给。③小农经济是一个自给自足或半自给自足的经济，产品剩余很少，以满足自己消费为主。生活中的绝大部分消费品，从主食到副食、从衣服到鞋帽，都由家庭内部生产。因此，传统农业下的小农户需要面对的市场风险很少，主要是自然风险，小农户的破产更多是由天灾人祸所致。在没有现代农业科学技术和农业基础设施的条件下，自然灾害对农户生计的冲击可能是致命的。在严重灾害发生的年景下小农户面临着破产的风险。④小农经济由于缺乏市场交换活动，生产者之间很少有以商品交易为纽带的经济交往。人们的社会活动半径极小，缺乏社会流动性，人们之间的交往主要表现为以血缘关系为基础的亲属之间的交往和邻里之间的交往。

与传统农业的小农经济不同，现阶段我国的小农户在诸多方面都发生了质的变化。

第一，现阶段小农户的生产经营活动基于现代农业科学技术和工业装备的应用，除极个别地方外，典型的手工劳动基本退出农业生产，畜力农具也很少使用，农业基本走出了依靠世代经验积累种田的阶段。土地生产率与 20 世纪 50 年代相比，提高了近 3 倍。

第二，小农户是一个开放的生产系统，无论使用的生产资料还是生产出的产品，均高度依赖外部市场。现代科学技术的提升和现代工业的发展，为农业提供了良种、化肥、农药、农膜和其他生产工具，这些生产资料的使用是他们获取较高的土地生产率和劳动生产率的必备条件。这些生产资料都要从市场上购买，除种子来自农业领域之外，大量使用的化肥、农药、机械等来自工业。尽管小农户的规模较小，仅主要生产一种或两种产品，但生产不是为满足自身消费，而是为了换取货币收入。因此，现阶段小农户的生产体现为商品化、专业化的特征，从属于商品经济范畴。

第三，现阶段小农户家庭收入结构发生了巨大变化，家庭经营收入（或说农业生产收入）占家庭全部收入的比重显著下降。在农地资源禀赋较差且二三产业发达的地区，家庭经营收入在家庭人均可支配收入中所占比重已经下降到25%以下，而工资性收入已经占到了60%以上。即使在东北这样资源禀赋相对优越的主要农区，家庭经营收入比重也下降到了70%以下。由于这样的收入结构，以及农户土地的集体所有性质，使农户并不存在或很少存在家庭经营破产的风险。变化趋势显示，小农户对农业的依赖程度越来越低。

第四，农户生产经营结构发生了根本性的变化。越来越多的农户生产经营项目在减少，以满足家庭消费为目标的小而全的家庭经营结构在较大程度上已经消失。除自给性较强的蔬菜生产外，其他满足日常消费的产品，农户大部分从市场购入，专业化、商品化生产程度显著提高。由此也使农户与外部的联系越来越多，封闭半封闭的家庭消费方式已经完全打破。

第五，农户的社会交往方式发生了改变，家庭外部经营组织开始出现，如各类专业合作社、农民技术协会等。农户与外部经营组织的合作日益频繁，包括农业产业化经营、各种订单农业等。

由此可见，尽管我国现阶段农户土地平均经营规模比历史上任何时期都小，特别是农地资源禀赋较差的地区土地经营规模更小，但从本质上看，已经脱离了传统农业小农经济的特征。

三、小农户的类型

随着农业农村现代化进程的不断深入，我国的小农户群体已经明显分化，可以大体分为纯小农户、农业兼业户、非农兼业户和非农农户 4 种类型。

（一）纯小农户

纯小农户是指家庭全部或主要劳动力从事农业生产经营活动且家庭总收入的 80%以上源于农业经营收入的小农户。纯小农户或因年龄原因无法外出务工，或因家庭劳动力严重不足，或因身体残疾、疾病等原因而不具备在非农领域从业的能力，或因懒惰不愿从事非农职业，只能退居家庭内部经营。较传统农户所不同的是，纯小农户在生产经验、技术水平、管理经验等方面有明显进步，他们从已脱离农业生产经营活动的亲戚、邻居、朋友手中获得流转土地，逐步扩大生产规模，有望成长为专业大户或家庭农场等新型农业经营主体。同时，纯小农户依然坚持“小而全”的农业生产结构，延续了传统的农业生产方式，依托已有的各类资源建立起长期可持续的生计模式，对市场的依赖程度较低，面临的自然风险相较于市场风险要大。

（二）农业兼业户

农业兼业户是指家庭主要劳动力从事农业生产经营活动且家庭总收入的 50%~80%源于农业经营收入，辅助劳动力外出务工或从事村内二三产业的小农户。农业兼业户家庭劳动力较为充裕，可以根据收益最大化原则和家庭成员的比较优势，选择部分成员在家务农，部分成员外出务工，以此实现家庭成员的边际劳动报酬最大化。该类小农户在从事农业生产方面具有比较优势，拥有较为充足的资本、先进的生产技术和成熟的管理经验，耕作方式已与专业大户、家庭农场等新型农业经营主体相类似，农业生产朝着专业化、集约化、市场化方向逐步迈进。农业兼业户将农业当作一份正式的"职业"来经营，身份朝着新型职业农民方向转变，成为农业生产的中坚力量，生产过程中已经融入了不可分割的现代元素。据以往经验可知，农业兼业户以农业生产为主、外出务工为辅，外出务工的目的是生计所需，属于农业经营之外的一种补充性劳动。由于缺乏特殊的专业技能，此类务工群体靠体力吃饭，多从事收入水平较低、危险系数较高的职业。在知识水平或家庭背景约束下，该类务工群体无法在繁华的城市中安家落户，多年后终会回归乡村，受年轻时从事高体能工作的影响，精神和身体上都会有所伤损，使老年生活变得较为艰难。

（三）非农兼业户

非农兼业户是指家庭主要劳动力从事非农生产经营且家庭总收入的50%~80%源于非农收入，农业生产作为补充性收入的小农户。相对而言，非农兼业户的平均人力资本水平较纯小农户和农业兼业户要高，外出务工属于就业的替代性选择，其目的是获取更高收入，或实现理想抱负，尽显一技之长，寻找更好的发展机会和提升空间，在城市中寻找工资水平相对较高且较为体面的工作。通过长期的经验积累和学习实践，逐渐适应城市的生活节奏和发展要求，获得进入城市生活的"通行证"，享受与城市居民同等的教育、医疗条件等公共福利，成为真正意义上的城市居民。此外，具有独特发展眼光和敏锐市场嗅觉的非农兼业户极易被乡村丰富的资源禀赋、广阔的市场前景、优惠的政策支持，以及巨大的发展潜力所吸引，自愿留守乡村挖掘和利用广大农村公共资源获取较大收益。这两种选择是非农兼业户基于个人经营理念和选择偏好的不同而做出的不同努力，均是其在权衡利弊之后做出的理性选择。

（四）非农农户

非农农户是指家庭全部或者主要劳动力从事非农生产活动且家庭总收入的80%以上依靠非农收入、小规模的资本经营收入或务工收入的小农户。非农农户已完全退出农业生产活动，之所以仍被称为小农户，仅是因为全部或部分家庭成员的户籍在农村，或者还有部分土地未流转完毕，才被列入“小农户”名录。非农农户是城镇化建设的重要力量，同时也是最主要的潜在城镇化对象，基本发展走向是逐步转变为真正的城市居民。但他们会基于个人选择的不同，会沿着“非农农户—城市居民”或保持农户身份不变的两条路径持续演化。第一条演化路径是非农农户的主流选择，以城市居民的身份正式进入城市生活，享受与城市居民同等的医疗、教育等公共福利，过上人人向往的城市体面生活，是小农户梦寐以求的长久期盼。选择第二条路径的非农农户旨在利用“农村户籍”享受国家给予农村的各项优惠政策，能够以较低的成本和合理的身份获得农村丰富特色资源的使用权，在获取资源红利的同时，也为助推乡村振兴贡献力量。

当前构成我国小农户主体的是农业兼业户，他们代表了当前中国小农户的基本状况，也是本书介绍的主要对象。

第二章 小农户与现代农业发展的有机衔接

第一节 小农户与现代农业发展有机衔接的政策与意义

一、我国小农户与现代农业发展有机衔接的政策演进

（一）坚持以家庭承包经营为基础的农业现代化道路

家庭承包经营解决了在集体化时期农业生产中存在的监督及劳动贡献度量问题，调动了农民的生产经营积极性。但回顾历史可以发现，即使这一制度变迁促进了我国农业生产持续发展，质疑、反对该制度的声音也一直存在。针对上述情况，党中央制定政策，明确反对以发展集体经济的名义削弱、破坏家庭承包经营。

1998 年，党的十五届三中全会通过了《中共中央关于农业和农村工作若干重大问题的决定》（以下简称《决定》），提出家庭承包经营不仅是集体经济组织内部的一个经营层次，而且是统分结合的双层经营体制的基础，集体经济组织要增强为一家一户服务的功能。

对于家庭承包经营的地位，《决定》指出："这种经营方式，不仅适应以手工劳动为主的传统农业，也能适应采用先进科学技术和生产手段的现代农业，具有广泛的适应性和旺盛的生命力，必须长期坚持。"

近年来，我国农村土地流转速度有明显加快的趋势。截至 2016 年 6 月底，全国承包耕地流转面积达到了 4.6 亿亩，超过承包地的 1/3。在一些沿海地区这一比例已经达到 1/2。

随着土地流转速度与规模的提升，在农业生产经营领域已经发展培育出诸多新型农业经营主体，如专业大户、家庭农场、农民专业合作社、农业产业化龙头企业等。

近年来的多个中央文件均强调，农地流转应坚持依法、自愿、有偿的原则有序进行，要稳定和完善以家庭承包为基础、统分结合的双层经营制度。与此相对应，党和政府的政策始终将新型农业经营主体的功能定位于向小农户提供生产经营服务，而不是取代一家一户的小农生产。

针对小农户生产中存在的困难，党和政府制定了一系列的支持保护措施，主要有：取消农业税，向小农户提供各种补贴；对小农户销售的主要农产品实行政府保护价收购；着力推进农村土地整理和小型农田水利设施建设；建立和完善面向小农户的农村社会保障制度；等等。

（二）培育和发展新型农业经营主体

小农户面临着一些在生产、经营、销售等方面的困难。

党和政府的政策导向可以概括为：在坚持家庭承包经营为基础的同时，积极培育和发展新型农业经营主体，由这些新型农业经营主体带动小农户生产与现代农业发展有机衔接。

根据农业部 2016 年统计数据，全国已有超过 87 万户家庭农场，工商部门登记注册的农民专业合作社达 190.8 万家，农业产业化龙头企业达到 13 万家，各类公益性服务组织超过 100 万个。

各类新型农业经营主体的快速发展，不仅为农产品供给的有效增加提供了支撑，同时在一定程度上重构了我国农业生产经营以小农户生产为主的传统格局。

（三）开展多种类型的农业社会化服务

围绕如何把小农户生产引入现代农业发展轨道上来，近年来我国各地开展了积极探索，在不更改农业经营主体和不以行政手段加快土地流转的前提下，通过培育新型农业社会化服务主体，推动农业生产规模化经营。

比较典型的规模化服务方式有互换并地、土地托管以及联耕联种3种类型。

基于上述政策和制度安排，我国小农户生产从总体上已经被引入现代农业发展轨道。

2007年，我国农业科技进步贡献率为47%，2017年提高到57%，平均每年提高一个百分点。从农业土地生产率来看，在2007—2017年的10年中，主要作物单产提高幅度是：小麦26%、玉米11%、稻谷10%、棉花31%。从农业劳动生产率来看，在2007—2017年的10年中，全国人均GDP增长了2.2倍，而农业劳动生产率增加了3倍。农业劳动力减少了1亿人，但所创造的农业增加值总量是原来的2.7倍。

二、小农户与现代农业发展有机衔接的意义

（一）巩固完善农村基本经营制度的重大举措

小农户是家庭承包经营的基本单元。以家庭承包经营为基础、统分结合的双层经营体制，是我国农村的基本经营制度，需要长期坚持并不断完善。扶持小农户，在坚持家庭经营基础性地位的同时，促进小农户之间、小农户与新型农业经营主体之间开展合作与联合，有利于激发农村基本经营制度的内在活力，是夯实现代农业经营体系的根基。

（二）推进中国特色农业现代化的必然选择

小农户是我国农业生产的基本组织形式，对保障国家粮食安全和重要农产品有效供给具有重要作用。农业农村现代化离不开小农户的现代化。扶持小农户，引入现代生产要素改造小农户，提升农业经营集约化、标准化、绿色化水平，有利于小农户适应和容纳不同生产力水平，在农业现代化过程中不掉队。

（三）实施乡村振兴战略的客观要求

小农户是乡村发展和治理的基础，亿万农民群众是实施乡村振兴战略的主体。精耕细作的小农生产和稳定有序的乡村社会，构成了我国农村独特的生产生活方式。扶持小农户，更好发挥其在稳定农村就业、传承农耕文化、塑造乡村社会结构、保护农村生态环境等方面的重要作用，有利于发挥农业的多种功能，体现乡村的多重价值，为实施乡村振兴战略汇聚起雄厚的群众力量。

（四）巩固党的执政基础的现实需要

小农户是党的重要依靠力量和群众基础。党始终把维护农民群众根本利益、促进农民共同富裕作为出发点和落脚点。扶持小农户，提升小农户生产经营水平，拓宽小农户增收渠道，让党的农村政策的阳光雨露惠及广大小农户，有利于实现好、维护好、发展好广大农民根本利益，让广大农民群众的获得感、幸福感、安全感更加充实、更有保障、更可持续。

第二节　小农户与现代农业发展有机衔接的障碍及对策

一、小农户与现代农业发展有机衔接的障碍

实现小农户与现代农业有机衔接是一个动态的演进过程，也是一个随着农业农村现代化发展、逐步向着现代小农户转型的过程。在我国农业发展转向提质增效的新阶段下，面对国内国际两个市场的竞争，以兼业化为主要特征的生计小农户难以依靠个体的力量实现转型。具体来说，存在如下障碍。

（一）对家庭经营长期性与合理性的认识障碍

长期以来，普遍存在把小农户生产与现代农业发展对立起来的思想倾向。一些地方过度强调通过土地流转实现规模经营，甚至违背农民意愿开展土地流转工作，在农业现代化过程中将小农户“边缘化”。目前，一些地方存在着忽视小农户，资金项目过于向大的经营主体倾斜的现象。实际上，推进规模经营不是要否定家庭经营。一方面，我国人多地少，劳动力成本较低，经营规模不会很大；另一方面，我国各地农业资源禀赋条件差异较大，许多地区无法实现集中连片经营。要明确，在当前乃至今后很长一段时期，小农户家庭经营将是我国农业的主要经营方式。

（二）新型农业经营体系下各主体缺乏合作的互动障碍

在坚持家庭承包经营基础上，培育从事农业生产和服务

的新型农业经营主体是关系我国农业现代化的重大战略。加快培育新型农业经营主体，加快形成以农户家庭经营为基础、合作与联合为纽带、社会化服务为支撑的立体式复合型现代农业经营体系，对于推进农业供给侧结构性改革、引领农业适度规模经营发展、带动农民就业增收、增强农业农村发展新动能具有十分重要的意义。然而，大部分新型农业经营主体与小农户之间的互动只停留在松散合作或者口头合作上，并未形成紧密的利益联结机制。小农户在与新型农业经营主体合作时占股比例较低，往往不甚关心新型经营主体的经营绩效，仅仅关注流转土地所得租金收入。一些新型经营主体在与小农户的合作过程中也存在毁约、“跑路”等情况。

（三）面向小农户的社会化服务体系建设滞后的服务障碍

小农户面临资金短缺、技术水平较低等问题，需要从市场上购买农业生产服务弥补自身不足。我国小农户享受到的服务主要为个体农机手、农资经销商与农产品收购商提供的单一服务，病虫害防治、农产品存储与加工、农业保险等方面的服务较为缺乏。面向小农户的社会化服务体系建设滞后，本就经营分散的小农户与滞后的农业社会化服务对接困难，交易成本高，大量小农户游离于政府扶持与农业社会化服务体系之外，面临很强的不确定性。

二、小农户与现代农业发展有机衔接的对策

实现小农户与现代农业发展有机衔接，要坚持政府扶持、市场引导，统筹推进、协调发展，因地制宜、分类施策，尊

重意愿、保护权益的基本原则，健全新型农业经营主体与小农户的利益联结机制，使小农户成为发展现代农业的积极参与者和直接受益者。

（一）坚持家庭承包经营的基础地位

我国小农户的群体庞大，即使城镇化率到了 70% 以上，仍将有 4 亿左右的农民留在农村，这意味着在未来较长的一段时期内，家庭承包经营仍将是我国农业生产经营的主要形式，家庭农场、农民专业合作社、农业企业等新型经营主体创新是巩固与完善农村基本经营制度的重要创新。应修订现行法律，使农民土地承包经营权更加完整。

1. 进一步完善农户的土地权利体系

一是赋予农民土地承包经营权抵押、担保权能。目前，修订后的《中华人民共和国农村土地承包法》已经做出调整，允许土地经营权抵押担保，还有必要对《中华人民共和国担保法》《中华人民共和国物权法》中有关禁止性条款进行修改，使 3 部法律的规定保持一致。二是赋予家庭承包经营土地入股权，并实现用益物权化。三是加速以土地经营权租赁为主的土地承包经营权交易机制，加速创新农业经营主体制度。

2. 衔接落实好第二轮土地承包到期后再延长 30 年的政策

从目前农村普遍实施“生不增、死不减”，稳定小农户政策预期的角度出发，未雨绸缪，尽早明确在农村土地第二轮承包到期后采取直接延包 30 年、不再重新分配土地的基本政策，在政策导向上弱化土地的社会保障功能和财产分配功能，强化土地的生产要素功能。

同时，在那些人地矛盾突出、小农户生计主要依赖土地的村庄，留下一个口子，允许二轮承包到期顺延时由集体经济组织全体成员共同决策，实行“一村（集体）一策”政策，切实保护那些少数以农业为生的少地无地弱势小农户的合法权益。

3. 允许新型农业经营主体与农户签订跨越承包期的土地租赁或入股合同

现代农业投资的特点是规模大，回报周期长，鉴于距二轮承包到期只有10年左右，现行政策规定不利于吸引社会资本大规模投资农业，此外，目前浙江等省份已经允许农业设施设备抵押贷款，而新型农业经营主体以农业设施设备抵押贷款的额度与其使用期限有明显关系，承包期短则抵押贷款额度低。如果允许新型农业经营主体与农民签订跨越承包期的土地租赁或入股合同，则其在以农业设施设备抵押贷款时，就可能得到更高额度的贷款。

（二）加速新型经营主体创新步伐

1. 提升农民合作社发展质量，有效发挥服务中介作用

以农业农村部合作社质量提升行动为契机，推进农民合作社发展的转型升级，提倡以农民合作社为重要服务平台，代表小农户利益与各种专业社会化服务组织或加工企业签订合同，引导小农户融入现代农业生产轨道，在积极推广“按户连片经营”“联耕联种”“土地托管”等多种社会化服务模式中，有效发挥出农民合作社降低交易成本、实现规模经营的基本组织功效。

2. 大力培育家庭农场，促进形成一大批资本-劳动双密集的新型经营主体

从长远发展看，农业农村现代化的过程将是我国农业生

产经营主体从家庭承包经营向着家庭经营转型的过程，以家庭自有劳动力为主、实现土地规模经营的家庭农场是未来家庭经营的发展方向，是有效应对生计小农户存在的老龄化、副业化挑战的重要手段。应结合实施乡村振兴战略，继续鼓励有知识的农民返乡创业，培育一批职业化的农民群体；另外，应强化土地退出与社会保障挂钩的机制设计，引导老龄化生计小农户及那些深度非农兼业化的生计小农户退出农业领域。

3. 强化龙头企业的引领作用，大力发展订单农业

国际现代农业的主流形式已经转向“有计划的订单农业”，即生产端按照终端客户的要求组织生产，我国也不例外，政府应顺势而为，在深化农业供给侧结构性改革、实施质量兴农、绿色兴农、品牌强农中，进一步鼓励社会资本下乡，壮大产业化龙头企业，推进外部资本、技术、市场、信息等现代要素引入农业的广度与深度，以龙头企业为核心，发展订单农业，加速兼业生计小农户向现代小农户的转型。

（三）改善小农户生产设施条件

加大以行政村或大的自然村为单位的土地平整和村庄、农田道路设施的投入力度，增加其在农业预算中的比例；吸引社会资本投资设施农业，鼓励发展小型农田水利设施股份合作社，参照享受农机具购置补贴政策，多渠道改善农业生产条件，提升小农户抵御自然风险的能力；加大对产地农产品产后预处理、烘干、仓储环节的支持力度，减少农产品的损失率。加大信息进村入户工程。鼓励民间资本参与投资，通过电商经济，推动偏远地区小农户参与传统特色农产品、

手工制品及各种来料加工品的生产，开发休闲农业的网上营销，发展短链经济。增加小农户的非农就业收入，为加速土地流转提供条件。

（四）加速小农户的非农化转移步伐

工业化国家的发展经验表明，受土地资源稀缺的限制，增加小农户的福祉主要依赖于劳动力市场，而不是产品市场，我国也同样。基于小农户已经分化，针对那些可能在劳动力市场获得就业机会的小农户，应依托劳务中介组织，以市场需求方为导向，大力开展职业教育，提升小农户的基本生产技能；对于留在农村的留守妇女与老人，应针对他们的特点，大力普及推广学会使用智能手机项目，打通小农户与外面世界的通道，让广大小农户低成本、方便快捷地获取所需的信息与知识，帮助小农户加速生产生活方式的现代化。

（五）健全面向小农户的社会化服务体系

1. 强化对无土地流转意愿的兼业小农户的服务规模化导向

应继续完善土地托管、半托管、“连耕连种”等多种新型社会化服务方式，政府应当继续大力支持并鼓励社会资本进入、农村社会精英返乡创业、科研院所下乡创业等多种形式，围绕小农户的生产经营需求，发展农业产业链上的各类专业性的农业社会化服务组织。以建设社会化的产业分工体系为前提，通过服务的规模化、专业化、社会化，解决那些缺劳力、缺地生计小农户种懒汉田，甚至弃耕等突出问题，实现耕地的有效利用和生产方式的现代化。在不改变经营主体的条件下，促进小农户生产与现代农业的深度融合。

2. 促进形成多元化的社会化服务主体格局

针对小农户的多元化需要以及不同类型小农户的需求，需大力促进多元化农业社会化服务组织建设。一是在企业和个人不愿进入或效率较低的服务领域，如山区丘陵的细碎化土地平整，建立政府（准）公益性的服务组织；二是支持发展基于社区的综合性农民合作组织，解决小农户生产生活中的各种问题与困难，成为小农户与外部世界联系的有效桥梁与纽带，实现规模经济和集体谈判力；三是培育各种民间社会化服务组织，发挥党组织的组织资源优势，鼓励妇联、共青团、军转办等部门深入农村基层，发动群众发展民间自我服务组织，解决特殊农户群体的特殊需求；四是继续鼓励供销合作社发挥更大作用，强化土地托管、农资供应、农产品营销等农业社会化服务。

第三节　小农户和现代农业发展有机衔接的典型做法

近年来，作为农村改革的排头兵，农村改革试验区和各改革试点根据不同类型小农户的差别化政策需求，在创新小农户和现代农业发展衔接机制、以现代农业发展促进小农户增收方面，探索出不少行之有效的成功做法，主要包括以下几种。

一、规模扩大型：增加规模提高小农户的经营收入

小农户生产对接现代农业的一个重要障碍，是土地经营规模过小且细碎化严重。为扩大小农户的经营规模，破解土地细碎化难题，各地主要采取了以下 3 种方式。

（一）支持小农户租入土地，扩大经营规模

根据国家发展与改革委员会编制的《全国农产品成本收益资料汇编 2017》的数据，如不考虑小农户家庭用工折价和自营地折租，2016 年小麦、稻谷、玉米三大主粮的亩均收益为 512.1 元。提高土地经营规模，可以在亩均收益不变的基础上，让小农户借助规模经济获得更多农业收入，从而缩小与外出务工经商的收入差距。很多试验区和地方政府出台了促进小农户成长为专业化大户和家庭农场的相关政策，对租入一定规模土地的农户给予奖励。据农业农村部对 30 个省份 44.5 万户家庭农场的专项统计调查，有 2.9 万个家庭农场获得了财政资金扶持。虽只有一部分土地流转行为得到财政资金扶持，但相关政策在激活土地流转市场、引导小农户扩大经营规模方面发挥了积极作用。

（二）推行小农户承包地“互换并块”，提高单个地块面积

当初分地时，为减少矛盾，大部分地区都采取了“肥瘦搭配”的方式将所有地块按人均分，致使每户在不同块上都分得一小片，造成承包地严重细碎化。调查发现，广东清远平均每户不过 3.5 亩承包地，但地块数一般都在 10 块左右；天津宁河区杨泗村很多农户承包地不足 10 亩，地块却多达 20 块。承包地细碎化不仅不便于管理，还会增加农机服务成本。为减少地块数量，在黄淮海 1 026 户农户中，已经有 31 户（占比 3.0%）自发进行了承包地互换；有 686 户（占比 66.9%）农户想进行调串、互换；即使每亩地需要不超过 200 元的费用，也仍然有 419 户（占比 40.8%）农户愿意通过地块调串、互换减少地块数量。一些试验区基于小农户的需求，

开展了承包地“互换并块”工作。例如，甘肃金昌市金川区按照“分地人口不变、承包面积不变”的原则，考虑灌溉机井的覆盖范围，引导小农户把零散的土地互换、合并，也即“以井定田”，目前金川区27个行政村的25.23万亩耕地已全部完成“多处变一处、小块变大块”。广东清远市近年来也大力推进土地“互换并块”，以求实现“一户一块田”，至2017年10月，全市实际整合耕地面积150万亩，耕地细碎化情况显著改善。

（三）引导小农户以土地入股村集体或合作社，统一经营管理

即使把小农户分散的承包地合并成一块，“人均一亩二、户均不过十亩”的土地规模，也难以满足现代农业发展的需要。因此，不少试验区借助集体资产股份合作制改革，引导小农户把承包地入股到村集体或合作社，统一对外出租或由合作社直接经营。2015年启动改革试点任务以来，山东东平县在全县范围推行土地股份合作制改革。该县马流泽村把农户承包地和集体荒地折股量化后入股到村集体领办的合作社，合作社利用其中300多亩地，在政府支持下建设了18个大棚，其中8个由合作社统一经营，10个出租给某农业公司。借助统一出租和合作社经营，农户每亩土地收益从分散出租时不足500元，增加到接近1 000元。一些不愿或不能外出务工的村民，可以在合作社种植蔬菜或者到公司承租的大棚务工。四川崇州市采取了小农户将土地入股到村里的土地股份合作社，再交由职业经理人统一经营管理的模式，收益分配和东平试验区一样，采取“租金保底+盈利分红”的方式。对于想继续种

地而不愿把承包地入股或出租的小农户，各试验区一般会通过“地块调串”将其土地调整至不影响集中连片的区域。

二、劳动力友好型：节约成本改善小农户的经营效益

长期来看，借助现代科技和农业机械把农民从农业生产中解放出来是大势所趋。但是，当前城镇就业机会少、工作不稳定，很多农民尤其是50岁以上的农民想“离农、进城”，却无法在城市找到稳定的工作，只能偶尔外出“打零工”。由于非农就业不稳定、不充分，很多农民还不能彻底离开农业农村，土地仍然有很强的“劳动力蓄水池”功能。如果过于强调机械化，会造成农村劳动力的闲置和浪费，也容易引发一些社会问题。因此一些试验区在以农业机械化推动现代农业发展时，将重点放在农村劳动力不愿干、不能干或干起来不划算的领域，充分注重小农户的就业需求，为其在农业生产中发挥作用留有空间。

宁夏平罗县稻谷种植的“统种分管”和河南荥阳市小麦、玉米种植的“生产车间”，是由新型农业经营服务主体为小农户统一提供农资、农机服务和农技指导，而生产过程中的打药、施肥、田间管理等工作，仍由小农户分散完成的一种劳动力友好型农业合作经营模式。它是新型农业经营服务主体针对农村集体经济组织虚化、农业生产“统”得不够，而发展出来的“统分结合”新形式。目前，平罗县已有7家新型主体在7 300多亩耕地上实行了“统种分管”模式。以2016年最先开展“统种分管”的宁夏平罗县宁禾谷米业公司为例，其具体做法：第一，公司与农户所在村集体签订“统种分管”协议，在某一地块统一种植指定的水稻品种；第二，公司统

一采购农资和购买农机服务，然后以低于市场的价格为农户提供服务；第三，生产过程中需要人工较多的环节，如打药、田间管理等，由小农户分散负责；第四，对于“统种分管”地块收获的达到质量要求的稻谷，公司以高于市场价 8%的价格收购；第五，公司收购农户的稻谷时，按耕地面积扣除为农户垫付的农资、农机服务等费用。2017 年，宁禾谷米业公司“统种分管”面积接近 2 000 亩。

除上述做法外，由于成员更多、种植规模更大，河南荥阳市新田地合作社还在每个村设一个“车间主任”，负责维护成员关系、管理本村的农业生产要素投入。目前，新田地合作社以“车间制”为食品企业订单种植优质小麦和玉米 5 万亩，辐射带动 60 多个村的 1.2 万户农户。山西朔州市通过“套餐式、增益型”农业生产托管和粮食银行，把分散经营的小农户和农资供应、农机服务、粮食销售加工企业等产业链上下游市场主体整合起来，一方面借助供货渠道优势降低了 10%~20%的农业生产成本；另一方面通过种植优质品种、减少粮食流通环节，让小农户粮食售价每千克比市场价格高 2 分钱到 1 角钱。借助“降本”和“提价”，改善了小农户的农业经营效益。

三、产值提升型：让小农户在小块土地上获得更高收入

除扩大经营规模和兼业务工外，还可以通过提升单位面积的农业产值或者说提供更具市场价值的农产品，让小农户获得更多收益。在城市周边，一些小农户利用亲子农场、果蔬采摘园、有机农产品等吸引城市居民消费者，从而提高农产品的市场价值，将原本 7.5 元/千克的草莓卖到 15 元/千克。在普通农

区，可以通过改善生产条件、调整作物结构来提高单位土地上的产值。

例如，山东青州市南小王村先是将全村 569 亩耕地入股到合作社，再以“926 斤[①]小麦（折价）保底收益+年终分红（2 000元左右）”的方式把集中后的土地交给天禄农业公司统一投资经营。天禄农业公司在中信信托的资金支持下，对南小王村及周边耕地进行连片整治、改良路网水网，然后建设成高标准蔬菜大棚，并配备 5 个沼气池为蔬菜种植户提供有机肥。至 2018 年 1 月，天禄农业公司已经累计投资近亿元，在南小王村及周边建设成了 1 000 多个蔬菜大棚，然后以每个大棚 2. 5 万元/年的价格出租给当地农户。南小王村的牟某把自家 4 亩多承包地入股合作社后，承租了一个较大的新棚和两个较小的旧棚，和妻子二人经营，每年净收入在 8 万~9 万元，高于外出务工收入。

一些试验区为了提升单位土地的产值，也采取了类似南小王村“整体提升+农户承包”的做法。例如，安徽龙亢农场投资建成 1 370 亩连片西瓜大棚，以租赁承包、联合经营等方式，吸引周边农民从事高效农业种植。50 岁左右的农民夫妻二人一般可以承包 2~3 个大棚，仅此一项，每年纯收入达 5 万~6 万元。山东东平县采取农民以土地和部分资金入股、政府 160 万元专项扶贫资金扶持、相关企业以技术和设备折股的方式，投资 455 万元在夏谢五村联合建设了 14 栋现代化养殖大棚，出租给村集体和愿意从事规模养殖的农户经营。出栏草鸡由入股企业按订单收购。政府扶持资金分红在本村贫困人口中平均分配，2017 年 500 名贫困人口人均分得 320 元。

---

① 1 斤=0. 5 千克。

不仅推动了小农户从事专业化养殖，还借助产业发展，保障了贫困户的收益。

四、产业拓展型：让小农户分享资源资产增值收益

将小农户引入现代农业发展轨道，还需要利用农业的多功能性，不断推动农业从传统的种植、养殖向生态观光、休闲旅游等领域迈进，让小农户从农业功能拓展中分享产业融合的价值。

山东东平县南堂子村是电视剧《新水浒传》的主要取景地。为了发展乡村旅游业，2014 年以来，南堂子村采取“固定土地股、变动户口股”的模式，成立了土地股份合作社，利用银行贷款对村庄进行旅游开发。为了激发各方的积极性，南堂子村设计出了兼顾土地、户口和劳动贡献的收益分配机制：土地股“每年 1 000 元/亩的保底收益+年终分红”；户口股随人口变动而变化，并仅参与年终分红；管理人员的收益，直接与当年合作社盈余情况挂钩。合作社优先安排本村村民就业。至 2017 年年底，南堂子村的门票和鲜果采摘收入已经从几年前的 10 万元快速增加至 500 万元，合作社的年盈余达到了 50 万元，带动了本村及周边 4 000 多人就业。

河南济源市花石村是集体资产股权改革的一个试点村，2015 年 8 月完成集体股改后，采取“村干部带头、村民自愿入股、收益按股分红”的方式筹资 220 万元（其中村干部占 60%，其他每户可以投资1 万~3 万元，最终 38 户农户入股），组建了股份经济合作社，合作社租赁村里的土地，投资建设了“南山森林公园滑雪场”。由于地理区位好、生态环境优美且选择的项目合适，2015 年一个月的经营收入

达 115 万元。2016 年 4 月合作社决定筹建“水上乐园”，看到滑雪场项目赚钱后，很多村民要求入股，最终 97 户农户成为第二个项目的股东。冬季滑雪，夏季玩水，合作社旺季的日均营业收入超过 2 万元，入股万元每年分红超 1 000 元。

第三章 小农户经营策略

第一节　小农户经营的优势和困难

一、小农户经营的优势

我国小农户之所以存在并发展，很大程度上是因为小农户有其独特优势，在农业现代化过程中可以发挥特殊的作用。

第一，小农户是家庭经营的，属于自我雇佣，与手工业的家庭作坊有类似之处，而不同于雇工经营的农业公司。这种生产方式与农业的生产特点相适应。农业是一个自然生长过程，生产时间长，且工作弹性很大，很难进行监管，因此需要劳动者高度的自觉性和主动的工作精神。家庭经营将收益和劳动的付出直接联系在一起，几乎不需要进行监管。

第二，家庭经营可以通过兼业来最大效率地利用劳动力。农业生产的季节性很强，有农忙和农闲之分。在农闲时期，农业劳动力可以外出季节性打工，或者从事家庭副业来补充农业收入的不足。农业劳动力可以灵活地在农业和非农业之间进行转换，特别是那些有手艺的农民，可以充分利用农闲时间，做手艺活增加收入，维持比较好的生活。雇工经营则不同，不管农闲或农忙，都要给雇工支付工资，这就大大增加了生产成本。一些农业公司经营亏损，除了投资过大和市场波动以外，不能充分利用劳动力和管理成本太高，也是其中的重要原因。

第三，小农户的土地面积有限，投入在土地上的劳动会比较多，土地产出效率往往比大规模粗放经营的农场要高。规模化经营往往是以减少单位土地产出为代价的，小农户经营则可以增加土地的生产效率，这在中国这样一个人多地少的国家，意义尤为重要。

第四，小农户为农业的多样性创造了条件。规模化的农场往往集中于单一作物的生产，从农业生态学来看，这种生产方式带来了许多问题。因为作物品种单一很容易诱发病虫害，为防治病虫害就会大量使用农药，造成食品安全问题。小农户的农业生产规模小，生产可以多样化，不同的农户和不同的地块都可以种植不同的作物，也可以饲养不同的牲畜，有利于保持农业生物的多样性和生态环境的丰富性。

二、小农户经营的困难

在工业化和城市化的背景下，小农户经营面临着许多新的困难。

（一）收益低

农业经营收益低，导致小农户从事农业生产的积极性不高。众所周知，在不同的社会发展阶段，社会经济发展的动能有所不同。从农业到工业再到服务业，农业渐渐被忽视。如今农业经济效益不断下滑，小农户依靠单纯的农业耕作收益越来越低，2011—2016 年，农村人均可支配收入不断增加，但是每亩地净利润由 250. 76 元/亩下降到 80. 28 元/亩，纯利润降低 132%，然而农村人均可支配收入却由 2013 年的 9 429. 59 元增加到 2016 年 12 363. 41 元，增长 31%，可见，农民增收主要来自非农收入。随着物价上涨和子女教育投资的不断增加，可以说小农户从事传统的农业生产很难维持幸福生活，甚至会滑入贫困阶层。同时，进城务工的农民工在城市的收入可观而且可以脱离农村的生活环境，这使得留在农村的小农户心理上感觉自己的收益更低。

（二）进入市场困难

小农户的生产面临着进入市场的困难，这不仅因为小农户缺少进入市场的渠道，而且还因为小农户生产规模较小且缺少统一的标准和标识。大多数小农户的产品高度依赖中间商，中间商不仅会压低价格而且还会将市场风险转嫁给小农户。工业化和城市化将就业机会越来越集中到城市，造成小农兼业的困难，小农户在家庭周边打工的机会在逐渐减少。此外，资本下乡也在挤压小农户生存空间，一些公司进入乡村以后，大量流转土地，实施规模化经营，使周边的小农户很难生存。

（三）不具备构建新型市场关系的条件

现在的市场关系是基于竞争而形成的，在这种市场关系中，小农往往处于不利的地位。现在正在形成一些新型的市场关系，如生产者和消费者的直接对接，地方性而非全国或全球的市场，以及基于熟人关系和相互信任而形成的交易关系等，这些都不利于小农户的生产和发展。

第二节　小农户的经营路径

在新时代实施乡村振兴战略背景下，充分发挥小农户的积极作用，实现小农户和现代农业发展的有机衔接，关键是要做好以下 5 方面的路径工作。

一、以现代科技和装备为支撑

农业产业兴旺的关键在于科技进步和创新。要立足我国国情，遵循农业科技规律，加快创新步伐，努力抢占世界农业科技竞争制高点，牢牢掌握我国农业科技发展主动权，为我国由农业大国走向农业强国提供坚实科技支撑。

一是发展现代生产技术。适应农业转方式调结构新要求，调整农业科技创新方向和重点，选择适合我国实际的技术创新路线，在现代育种、农业信息、农产品精深加工、资源节约、农产品质量安全等领域进行重点突破，从而实现提高产量、提升质量、降低成本、保证安全的效果。

二是发展农业物质装备。不断改善和提升农业装备水平，尤其是机械化水平，加快农机结构的优化配置，提高农业机械的科技含量，大力推进主要农作物生产机械化，提高土地产出率、资源利用率和劳动生产率。同时，积极利用现代物质装备改善小农户储藏条件，降低因缺乏现代化设施导致的在流通领域中的大量损失，提高农户的收入。

二、形成多种形式适度规模经营

当前和今后一个较长时期，小农户家庭经营仍将是我国农业的主要经营方式，但组织小农户形成多种形式适度规模经营，发展社会化大生产是现代农业的必然选择。培育发展家庭农场、农民合作社、各种类型的产业化经营组织以及多元化的农业生产性服务组织，其主要功能之一，就是组织带动众多小农户参与到现代农业发展的进程中。因此，一方面要鼓励引导小农户合作和联合，通过组建家庭农场联盟、农民合作社，鼓励农业产业化龙头企业和工商资本，特别是多种多样的农业生产性服务组织，带动小农户“生产得出来”“卖得出去”“卖得出好价钱”，解决小农户一家一户干不了、干不好的事情，提高现代农业的组织化程度。另一方面以家庭农场、农民合作社为骨干，密切其与小农户的多方面联系，形成命运共同体，要特别重视家庭农场、农民合作社在组织农民、降低生产成本、增加经营效益方面的功能作用，大力扶持家庭农场发展，提升规范农民合作社，建立健全支持家庭农场、农民合作社发展的体制机制、政策体系和管理制度，完善“农户+农民合作社”“公司+农户”利益联结机制，落实相关政策，让小农户有充分的发展空间和获利空间。

三、以发挥小农户主体作用为导向

我国农业发展、农村繁荣、农民富裕的关键在“人”，应充分发挥亿万农民主体作用和首创精神。

一是提升农民的身份认同。提高农民思想道德和科学文化素质，培育与社会主义核心价值观相契合、与社会主义新农村建设相适应的优良家风、文明乡风和新乡贤文化，充分挖掘具有农耕特点、民族特色、乡土特质的物质文化和非物质文化遗产，促进农民主体意识的觉醒、自我认同的建立。

二是加快培育新型职业农民。大力发展农村基础教育和职业教育，对农民开展各种形式的职业技能和知识的培训，培养和强化农民职业理想和信念，提高其生产经营能力、农业生产效率和增收能力，增强农民的自我积累和内生发展能力，培养一大批把农民作为一个职业象征的具有较强市场意识、懂经营、会管理、有技术的农村发展带头人、农村技能服务型人才、农村生产经营型人才等农村实用人才，从而吸引更多的人成长为新型职业农民。

四、以构建新型农业社会化服务体系为依托

全球经验反复证明，小农户在保障粮食安全、提供就业、

实现农业可持续发展方面有着不可替代的多元功能和积极作用。因此，一方面大力发展农业生产性服务业，培育壮大适应小农户需求的多元化多层次农业生产性服务组织。在重要农业生产经营作业方面，提供全程或专项服务，托管、半托管小农户生产经营相关事务，促进针对小农户的专项服务和综合服务相互补充，协调发展。解决千家万户小农户生产经营过程中的难题，以及农业生产关键环节“最后一公里”问题，要将生产性服务业作为战略性产业来抓，在减少农业生产直接从业人员的同时，不断拓展农业生产性服务业内涵外延，将单纯的农业生产性服务业拓展到包括乡村各类产业的乡村服务性产业，增加小农户在农业内部的就业机会。另一方面强化政府行为在农业产前市场信息提供、土地经营权流转、信贷保险支撑，生产过程中的产业链延伸、供给链保障、价值链提升、利益链完善、生态链拓展，产后产业、产品品牌塑造以及市场开拓方面为小农户提供全方位、广覆盖、无遗漏帮助和服务，提升小农户的产业素质和产业竞争力。

五、以产业融合发展为引擎

推进农村一二三产业融合发展，是拓宽农民增收渠道、构建现代农业产业体系的重要举措，是加快转变农业发展方式、探索中国特色农业现代化道路的必然要求。

一是丰富产业融合的内容。加快农业结构调整，优化农业种养殖结构，大力发展绿色农业；鼓励发展农业生产性服务业和农产品加工业，推进农产品流通体系建设，进一步延伸农业产业链条；推进农业与旅游、教育、文化、健康养老等产业深度融合，拓展农业多种功能。

二是创新产业融合手段。大力发展农业新型业态，实施

“互联网+现代农业”行动，推进现代信息技术应用于农业生产、经营、管理和服务。

三是探索农村产业融合的不同模式。因地制宜，鼓励发展农村“一村一品”“一乡一业”“一县一产”，支持小农户发展特色优质个性农产品。根据各地经济社会条件和资源禀赋，创造宽松外部环境，农工、农商、农旅、农文、农城结合，带动小农户发展观光旅游休闲、电子商务、生态环境保护以及农村公共事业项目管护等新产业、新业态。在农业外部，毫不动摇继续推进城镇化，转移农村富余劳动力，特别是鼓励小农户就地就近就业，发展二三产业，实现小农户的多元就业，多元增收。

第三节　小农户的经营模式创新

尽管目前小农户是我国农业最主要的生产经营形式，但农业现代化、机械化仍旧是大的趋势。如果小农户不融入现代农业发展，乡村振兴目标就难以如期实现。因此，小农户必须转变落后思想观念，创新经营模式。

一、托管服务模式

托管服务模式坚持“政府引导、部门支持、市场运作、农民自愿、企业自主”的原则，成立托管服务中心。这种模式下，土地耕地性质不变，土地的收益全部归农户。如果小农户的产品需要出售，有的合作社还会高于市场价予以回购，最大程度地保障小农户利益。同时，合作社还会与小农户签订托管服务合同，明确双方权利义务，并严格按照合同约定履行服务承诺。农民自愿选择合作社的服务，并根据实际服务情况，与合作社结算费用。

案例：农业托管让农户轻松种地

山东济南市长清永盛农机合作社目前托管土地 3 179 亩，对长年打工和劳动能力不足的农户，提供选种、施肥、耕种等全程托管服务。另外，在为农户提供全程作业服务的同时，还回购种粮户收获的小麦，让农户既能轻轻松松种地、安安心心收获，也能腾出剩余劳动力和时间外出打工或从事其他产业。

二、“合作社+农户”服务模式

“合作社+农户”服务模式主导是合作社，此模式特别适合产业单一的合作社，帮助合作社技术和品种引进或推广。通过“合作社+农户”的模式可以提高农户参与的积极性，并且帮助合作社做强做大。当小农户们聚在一起组建合作社，就形成拳头力量，规模面对市场，产品化销售农产品，规模化采购农资。

案例：合作社与农户集中资源办大事

2013 年 4 月，河南省灵宝市焦村镇罗家村的村两委为了盘活农村土地、农作、资金等资源以增加农户收入，成立了灵宝弘农沃土农牧专业合作社，联合村内社员 100 余名，旨在共同探索“传统文化、生态农业、资金互助”的综合发展之路。近年来，合作社在资金互助、联合统购、生态农业和养殖、土地托管、互助养老、便民服务、学习培训等领域进行了探索。2014 年，鼓励社员和村集体以土地和果树入股，打造了 165 亩苹果高标准生态示范园。2017 年开展发酵床养猪项目，引入先进、环保的生产技术，提高肉品品质。这些项目均以合作社为中介，并引导果农与企业家签订不使用化肥和农药的协议，企业以高出市场40%的价格承担生态成本，解决了销路问题。截至2019年1月，社员达300余户，资金互助部也实现了第一次分红，发起社员每股20 000元可以获得分红9 322元。此外，合作社还对老人社员和贫困户社员每人资助300元现金和礼物，真正带动了村民致富。

灵宝弘农沃土农牧专业合作社不是所谓的“空壳社”，它实现了“集中资源办大事”。合作社作为一个联合载体，把小农户的各种资源和力量囊括进来，在降低成本、提高销售数量和价格、引进技术、促进资源转化、方便政府监督等方面，均发挥重要作用。除此之外，该合作社的主要特色还在于由村两委主导，具有巨大的内生力，因此在促进小农户组成合作社的过程中，需要有效动员地方已有组织，如地方党政组织、行业互助协会、文娱团体的参与，让他们扮演重要的角色，借助他们较成熟的组织网络，效果将事半功倍。在愈加严峻的产业结构调整、农产品供需失衡的压力面前，合作社要进一步整合集体智慧、拓展产业类型、建立特色品牌，特别是要以“小而精”而非“多而泛”的姿态面向市场，还要注重发挥众多社员的主体性作用，避免一人或小团体专权的情况出现。

三、“企业+农户”服务模式

随着经济发展和科技进步，小农户经营规模进一步提高，“企业+农户”逐渐成为农业产业化经营的一个重要组织形式。“企业+农户”服务模式通常由企业提供产前、产中、产后全过程服务，以外部组织的规模收益，相对有效地克服了小农经营规模不经济的弊端，实现了龙头企业与农户间更紧密的联结机制，创新了现代农业经营方式。

案例：温氏集团首创“公司+农户”模式

广东的企业温氏集团，首创了“公司+农户（家庭农场）”的模式。公司提供种苗、饲料、药物保健和技术服务，由家庭农场统一规划的场地进行养殖生产，公司确保产品保价回收，确保农场主的合理平均利润。这一模式通过构建合理的利益分配机制，将公司与农户联结为利益共同体，带动农户增收致富。目前，温氏集团已在贵州省发展了11个分公司，养猪规模达440万头，取得了良好的经济和社会效益。

四、“协会+农户”服务模式

“协会+农户”服务模式通常由产业协会牵头，为成员提供生产全过程技术服务。如今这种模式已经成为许多小农户脱贫致富的新法子。

案例：新模式让蔬菜产供销一体化

湖南龙山县蔬菜产业协会积极探索发展规模化种植，实现蔬菜产供销一体化，已形成“协会+农户”经营模式。协会引进蔬菜新品种、新技术、新方法，创办示范样板、举办技术培训班、争创地方特色品牌、联系销售市场。创办800多亩水果轮作示范、1 000多亩稻菜轮作示范、4 000多亩烟菜连作示范、5 000多亩高山反季节蔬菜示范。为农户每年举办技术培训，让农户有样可学，不断深化现代农业意识，提高经济收益。

五、产学研服务模式

“产学研合作”一般是指高校、科研机构与产业界的合作。在农业方面，这种模式有科研院所为后盾，为农户提供先进的养殖技术、优良的品种、科学的管理方式，具有旺盛的发展潜能。

案例：产学研结合带动农户发展

湖南道州玉华鹅业公司以永州工贸中专学校为核心群共建基地18个，与湖南农业大学签订合作协议，实行产学研结合带动农户发展。公司与湖南农业大学协作改良新品种、研发饲养新技术、培育优良种苗，又与农户签订年度供种苗、饲料、技术、销售合同。实行保底价收购，农户可以自由在市场上销售，销售价格低于保底价的，差价部分由公司补助。现发展农户4 500户，年出笼灰鹅90万羽。

第四章 农业项目的选择

第一节　选择农业项目的影响因素和方法

一、农业项目的特点和种类

（一）农业项目的特点

农业项目在农业领域通过一定投资而形成生产、服务能力，再通过对这些项目的运作经营，为经营管理者带来效益。农业项目的特点表现在以下几方面。

（1）农业项目首先是一种投资活动，它把资金和各种资源聚集起来，形成了资产；这些资产是经营管理的具体对象，具有生产能力或社会服务功能。

（2）农业项目具有相对独立性，这表现在组织、资产、运营、核算等许多方面。

（3）农业项目是一种组织活动，其主体是农户、农业企业、农村集体或合作经济组织等。

（4）农业项目的资产具有完整性，无论归属于自然人还是法人，这些资产是不能随意分割的，否则项目就将丧失其功能。

（5）从运营上看，农业项目的方案设计、项目决策、资金筹措、项目实施、经营管理、收益分配是一个连续过程，任何一个环节都不能缺少。

（6）从经济核算上看，项目还涉及多方面的投资和权益，任何与项目无关的人员、组织都不能随意干涉项目。农业项目是有特定经营内容的，能够为社会提供具体产品或特定服务。营利性项目要满足市场需要，并能够为投资者带来利润；

非营利性项目要有助于农村社会与经济发展，要有利于环境保护。

(7) 农业项目具有生命周期，即项目要开发研究，经开发、建设、发展、生产等阶段，是一个有起点和终点的过程。

(二) 农业项目的种类

从农业项目的用途和领域看，一般可以分为以下几种。

(1) 农业生产项目。这类项目直接进行农、林、牧、渔等产品生产，如种粮、种菜、养牛、养鱼等。这类项目有具体的产品作为经营对象，在农业项目中的比重最大。

(2) 农产品加工项目。这类项目是对农产品进行初加工、深加工，如屠宰、保鲜、储藏等。这类项目目的是使农产品更有效地保藏或利用，提高农产品的附加值，近期发展的项目中占比重较大，未来还有相当大的潜力。

(3) 农业服务项目。这类项目能够增加农产品的产量或提高农业生产效率，如农业机械化项目、农业灌溉项目等。这类项目常与农业生产或经营项目相结合，通过为农业生产或经营提供服务取得收益。

(4) 农业公益项目。这类项目没有直接的经济效益，但对农村社会、经济发展有重要意义，如发展农村教育、科技、卫生、文化、交通、通信等。

(5) 农业开发项目。这类项目容纳了上述 4 类项目，通常是一些比较大型的或区域开发性质的项目，如开发区建设、山区开发等。

二、选择农业项目时应考虑的基本因素

农业的经济收益通过产品或服务产生。要得到良好的经济收益，首先需要产品或服务能够满足市场的需要，同时，要提供产品或服务，又要有资源条件。选择农业项目时，要从产品出发，在以下几个方面进行全面考察。

（一）市场条件

农业项目分析的核心是市场需求量问题，即在其市场有效需求量足够时才能获取利润，这一数据将作为项目设计的基准数据。市场条件分析包括以下内容。

（1）目标市场，即项目的市场在哪里，这个市场的吸收能力有多大。

（2）市场需求产品的数量、规格、花色、品种、款式、质量。

（3）价格情况，即市场现实价格、价格波动和价格走向。

（4）市场准入条件，即国家对该类产品的要求，市场所在地对产品输入的限制，外销产品是否符合外国政府所制定的政策。

（5）市场竞争情况，即项目产品的市场占有率和影响市场的能力，竞争产品或替代产品。

（6）项目产品进入市场的渠道，以及产品的贮藏、加工、保鲜、运输等问题。

（二）资源条件

农业项目需要人力、物力、财力、科技等方面的投入，这些受当地资源条件的制约。农业资源条件涉及以下内容。

（1）土地状况，涉及土质、土地利用、开发潜力、水土保持情况。

（2）自然资源，涉及地形、地貌，动植物资源、水资源、矿产资源，气候、密度、降水等。

（3）劳动力状况，如当地劳动力的数量、素质、教育程度。

（4）区域条件，如农户习惯、耕作制度、当地主要产业、区域经济发展状况。

（5）农业技术状况，涉及农业机械化程度，农业生产中的种子、肥料、种植方法、加工方法，自然灾害和病虫害防治等。

（三）技术方式

技术方式是农业项目依据现实条件进行生产或提供服务的手段。近几年技术方式也延伸到了项目运营方式。农业项目的技术方式涉及以下问题。

（1）项目的地点，项目的具体位置，它是否符合乡村建设规划。

（2）项目规模，涉及多少农户、村庄，其经济合理的规模是多大。

（3）技术手段，生产加工的核心技术、工艺要求、质量标准。

（4）运营方式，项目运营的技术平台，进料、加工、销售的过程，外部协作方式。

（四）组织管理

农业项目必须要有独立机构或专门人员负责组织和管理工作，组织管理的好坏直接影响项目的成败。一些农村地区由于文化、教育水平相对落后，缺乏有经验的管理人员，致使组织机构不健全、工作不规范、管理资料不准确，这些都降低了农业项目的盈利。组织管理要重点考虑以下几个方面。

（1）项目本身有无组织管理机构或负责人，这些机构或人员有无组织管理能力。

（2）项目组织管理机构或人员与当地政府、行业组织和其他相关部门的关系是否融洽。

（3）有无切实可行的项目组织管理方案。

（4）参与项目的农民的文化、技术水平，以及农民参与项目的热情和合作态度。

（五）社会环境影响

一个农业项目需要考虑的社会环境因素是极其广泛的。在宏观方面涉及国家的政治体制、政策法律、经济防治、宗教习惯等。在微观方面要考虑以下几方面。

（1）为当地创造就业机会、提高农民的收入水平。

（2）改善农民的生活质量，促进农村社会、文化的发展。

（3）符合当地的产业发展方向，促进农村建设。

（4）改善当地的生态环境，促进农村的可持续发展。

（六）财务分析

财务分析是站在农户或投资者角度，对项目的投入和收益所进行的分析，它是以项目预算为基础的。财务分析中要考虑以下方面。

（1）项目投入，包括农户和投资者的直接投资，各种来源的贷款，当地政府或国家对项目的支持。

（2）经营过程中所发生的成本。

（3）项目收益，包括经营收入、利润、收益分配等。

（七）经营风险与项目发展

农业项目常常是在动态条件下进行的，因此还应考虑风险和发展两方面因素。经营风险是不可预见因素对项目最终成果的影响，这些风险因素来源于市场、供应、财务、经营等。项目发展分析是基于项目成长过程，对未来项目自身和经营条件的预测。

三、农业项目的评价与决策

选择农业项目要对项目全面考察后进行评价和决策。

（一）农业项目的评价

农业项目评价包括财务评价和国民经济评价，小型农业项目侧重于财务评价，大型农业项目还必须进行国民经济评价。

1. 财务评价

财务评价是最基本的项目评价。它是从项目收益和项目投入之间的关系进行的评价。当项目达到预期收益时，这个项目就可以接受；如果有多个项目，那么投资效果最好的项目将被接受。财务评价一般有两大类方法，即静态评价方法和动态评价方法。

静态评价方法是直接以项目最终收益和最终投入进行比较而评价项目效果的方法。这种方法直观、简洁、容易理解，是项目评价最基础的方法。静态评价方法一般以项目的投资回收期限或投资收益率为评价依据。投资回收期限，就是一个项目用多长时间能够把其全部投入回收回来。对于单一项目方案，我们可以事前设定一个投资回收年限，如果项目能够在这个年限内回收全部投入，那么这个项目将可以接受。

对于多个项目方案，我们将选择那个投资回收期限最短的方案。投资收益率则是项目收益占投入的比例，这个比例越大项目效益越好。

动态评价方法是以项目每年的收益和投入进行比较而评价项目效果的方法。这种方法符合资金的运动规律，更加准确，更加贴近项目运营的实际情况。动态评价方法的评价指标有净现值和内部收益率等。使用净现值是将项目各年的收入和投入都换算到项目建设之初，然后两者之和作为净现值，如果净现值大于或等于零，则项目可以接受。使用内部收益率评价较为复杂，它是以行业基准收益率和银行贷款利率作为评价参照的。

2. 国民经济评价

国民经济评价是按照资源合理配置的原则，从国家整体角度考察项目的效益和费用，分析项目对国民经济的贡献。国民经济评价的主要目的是要把各种资源，包括资金、外汇、劳动力、土地、自然资源等投入到国家最需要的项目上去，并使这些资源发挥最大经济效益和社会效益。由于国民经济评价着眼于社会整体，所以在以农户为主体、规模比较小的项目中，国民经济评价的重要程度不如财务评价；但对于企业、农村集体经济组织、农村合作经济组织，或比较大型、影响比较广泛的项目，则必须进行国民经济评价。

国民经济评价与财务评价基本思路类似，都必须从农业项目的市场条件、资源条件、技术方法、组织管理、社会环境影响、财务状况等方面进行分析、评价。两者所不同的是：国民经济评价要从国民经济和全社会角度进行评价，其成本和效益的划分范围要基于项目对社会的消耗和贡献，在计算成本和效益时采用影子价格、影子汇率和影子折现率，当国民经济评价与财务评价的结论不一致时国民经济评价的效力更强。

（二）农业项目的决策

对农业项目进行评价后，项目选择进入决策阶段。决策是农业项目选择的关键。为此，要做好以下几个方面的工作。

1. 选择适当的决策标准

决策标准是筛选项目的依据，决策标准一般包括项目效益、项目条件和项目风险水平。但由于不同农业项目涉及的方面不同，因而所依据的具体决策标准也不同。决策标准不是面面俱到的，一般是对项目至关重要的因素；决策标准以“令人满意”为限度，不宜对项目追求绝对完美。

2. 根据项目评价结果进行决策

项目评价是为项目决策服务的，如果抛弃项目评价的成果，项目评价本身也就丧失了意义。

3. 选择适当的决策者

项目决策最终由人来进行，因而决策者的立场和水平会对项目选择产生直接的影响。项目本身的利害关系常常导致人们从各自利益评判项目，而决策者的经验、知识水平也常常使决策者趋向于接受自己熟知的项目。为了保证农业项目的最终效果，公正和广开言路是十分必要的。

4. 实行程序化决策

严格按照程序进行决策能够避免许多决策错误，如不适当的人选参与决策、在没有充分证据支持下的决策、决策结果没有法律效力等。

第二节　农业资源条件与项目选择

农业资源包括的内容很多，土地、劳动力、自然条件、经济条件都是农业资源，而且这些农业资源常常是相互交错发挥作用。

一、土地资源与项目选择

土地是农村最宝贵的资源，耕地、园地、林地、草地、荒地、水域都是土地，土地不仅有自然、经济特性，国家还对土地的使用有很多要求。

从自然角度看，农业土地资源与工业用地、城市建设用地有很大不同。一般情况下，人们对农业土地的改造投入相对工业用地、城市建设用地要少，而农业土地受自然影响更大。由于土地位置固定、面积不变，人们不能移动或改变其大小，这就要求人们只能就地利用。

农业土地的区域和质量差异是很大的。土地本身的地质、地貌、土壤、植被、水分，以及气候条件的差异使土地形成了不同类型。不同的土地类型适于不同的农业生产。人们只有根据土地的不同类型，合理使用，才能获得更好的经济效益。

农业土地的重要优势是其可以永久使用。在工业生产要素中，机械、厂房、原材料都存在消耗，其价值在不断使用中逐渐消失。而农业土地只要使用得当、不断改良，就可以永久使用。

农业土地也有很多劣势。第一个劣势是农业土地在不断追加投入后，其产生的收益会递减。这一点与工业用地、城市建设用地有很大不同，因而造成了农业土地增值的困难。第二个劣势是农业土地在利用上的困难。人们不能随心所欲地利用农业土地，而且农业土地改变其利用方向也很不容易。第三个劣势是由于城市扩张和工业用地的增加等，农业土地呈减少趋势，这迫使人们必须提高农业用地的利用度，集约使用土地，同时也要求节约用地。

另外，农业土地作为国家的基本资源以及保障农业生产用地，国家对农业土地的土地性质和农业生产用地面积有严格规定，这也要求人们必须按照国家政策合理使用农业土地。

从农业土地资源的自然、经济特性和土地利用政策看，选择农业项目时要合理使用农业土地资源，同时要寻求农业土地资源价值的最大化。

合理使用农业土地资源要做到“节约用地、有效用地、永续用地”。“节约用地”就是要保持一个地区农业土地的一定比例，禁止滥用耕地，控制其他用途占用农业土地。“有效用地”就是要根据不同的土地类型使用农业土地，合理安排生产项目，并做到规划用地，发挥土地的自身效力。“永续用地”是要保持土地肥力，做到用地和养地的结合。

提高农业土地资源价值对选择农业项目更为关键。农业土地可以有多种用途，对土地的不同改造、投入，以及对土地的不同使用方式都会使农业土地产生的效益有很大差异。目前，能够提高农业土地资源价值的途径有两种：第一种途径是土地的集约使用，即要提高现有土地的生产率，在单位面积的土地上获得更高的产量。第二种途径是土地使用市场化，即加强农业与市场的联系，使土地更好地满足市场需要，按市场安排农业生产。

二、自然资源与项目选择

除土地外，农业自然资源主要包括水资源、生物资源、气候资源。水资源用于人们的生活和生产；生物资源包括农作物、畜禽、鱼类、森林、草地、野生动植物等，常常作为农业生产的对象；气候是生物的生存条件，包括阳光、温度、降水等。

农业自然资源的重要特征是其具有生态完整性。农业自然资源以生物资源为主体，水资源和气候资源是生物资源的存在条件，这三者构成了一个完整的生态系统。生态系统是一种有内在联系、动态平衡的系统，生态系统有自我再生、修补、演进的能力，生态系统中的各个要素相互制约。

农业自然资源又是农业生产的基础。农业自然资源与人们的生活息息相关，人们生活中食物、用品、衣物等大量物品直接或间接地来自农业自然资源。农业生产则主要是围绕利用天然生长的动植物和微生物、人工培养的动植物和微生物，对农产品进行再加工，以及开发其他农业自然资源。

针对农业自然资源的特性，农业生产的主要任务是保护和利用农业自然资源，要注意这两个方面的结合。利用农业自然资源是人类活动的目的，这种利用是对农业自然资源的成分或功能进行的选择、培养或加工，使之满足人们的需要。说到保护农业自然资源，就是使农业生产适应农业生态环境，维持农业生态系统自身的完整性，使人类活动不至于破坏自然生物、水和气候的自身活动。

根据本地适合的条件，从市场竞争的角度，找到在世界市场上或国内市场上最有竞争力的农业项目，有可能使农业经营单位取得最好的收益。除了大范围的适宜项目外，还有一些面积不大的地区适合生产在当地有明显优势的农产品，发挥这种优势也有特殊的意义。如我国北京大兴区的庞各庄镇特别适合西瓜的生产，武汉红山区特别适合菜薹的生产，山东青州市农村特别适合果用萝卜的生产，找到这些条件就有可能选择出在当地最有优势的项目，也有可能得到较高的收益。

三、劳动力资源与项目选择

在农业劳动力资源是指能够从事种植业、林业、牧业、渔业和副业的劳动力。我国劳动力资源丰富，农村存在着大量的剩余劳动力，因此，必须将农村劳动力就业摆在突出位置。另外，我国耕地稀缺，人均耕地面积只有 1.4 亩，但有大批荒山、荒地、荒滩，这些资源利用的潜力巨大。两方面的基本国情，决定了我们应发展占用土地较少但劳动技术密集的集约化农业——设施农业，如蔬菜、花卉、水果、畜产品等，发展农副产品加工、农副产品物流等劳动密集型企业。

四、农业生产性资产与项目选择

农业生产性资产是农村经济组织、农户所拥有的用于生产活动的资产，包括固定资产、流动资产、无形资产等。像房屋、建筑物、农业机械、灌溉系统、林木、果树等都属于固定资产；像货币资金、种子、种苗、饲料、农药、燃料等都属于流动资产；像商标、品牌等都属于无形资产。

农业生产性资产的使用特点是效率较其他产业低。农业生产受自然影响很大，容易造成资产损失和浪费；同时农业生产过程复杂，很大部分资产是不能通用的。农业生产中，流动资产的周转速度较慢。农业生产受动植物生长过程、农业生产季节的限制，不能按人们的意愿加快资产的运动。农业生产性资产的使用风险也较大，如在畜牧业生产中人们常说，“家有财产百万，有毛的不算”，可见畜牧业风险之大。

由于农业生产性资产的这些特点，在选择农业项目时应注意以下几个问题。

一是选择资金流动性好的项目，如农产品运输、农业技术服务等，这些项目常常与市场联系密切，并且有很多环节可以利用外部协作。

二是加强资产管理，对自己拥有的生产性资产做到心中有数，如在推行农村股份合作中明确资产权属。

三是对农业生产性资产进行经营，让这些资产参与市场活动，如出租林地、果园、农业机械等。

四是加强与金融市场的联系，学会使用金融产品和金融工具，如融资渠道、农业保险等。

第三节　农业市场条件与项目选择

一、农产品价格波动

农产品价格波动给我们进行农业项目决策提出了一个难题。农民做出农业生产决策的依据是市场，然而由于市场价格波动的普遍存在，依据哪一个时点的价格进行决策，往往会有不同的结果。如果我们不去分析市场动态，盲目根据当前市场价格确定生产项目，在价格下降后，就会有较大的损失。农产品价格波动的普遍性告诉我们，在选择农业项目时，除了要对当时、当地的市场价格进行调查外，还要了解这一项目的未来趋势，了解产品的真实成本，产品的价格长期趋势等诸多问题。有了对项目市场条件的深入、全面、清晰、明确的认识，才能保证项目选择的可靠性。

价格波动的情况在由分散农户组织的农产品生产中表现特别明显，而工业品生产由于生产周期短，设备要求高，技术要求复杂，特别是多数工业品可以存放较长的时间，这就使大多数工业产品，特别是大型企业生产的工业品并没有明显的价格波动和价格周期。有些农业项目生产周期长，技术要求高，生产规模大，产品可以存放较长的时间，这些农产品的市场价格波动相对小一些。总之，虽然农产品价格波动是一个普遍的现象，但对于农产品的市场价格波动不能一概而论，要对具体产品进行具体分析。

二、按农产品价格波动的规律进行生产决策

农产品价格波动虽然没有固定的规律，但由于其普遍存在，因而可以按农产品价格波动的趋势进行生产决策。市场价格主要是由供求决定的，而影响供求的因素多种多样。例如，如果技术有了变动，政策有了变动，成本有了变化，气候有了变化，甚至消费者心理有了变化等，就都可以使市场供求发生变化。虽然一般来说，在市场价格降到生产成本以下后价格肯定会反弹，但市场价格低于成本将持续多长时间，何时是反弹的时点，反弹到什么程度，都没有固定的规律。如浙江省甲鱼的早期市场价格曾高到200元/千克，后来持续下降，一直降到50元/千克左右，然后在这一价位上持续了7年左右，目前也没有回升的迹象。所以，不能简单地在价格处于低位时就认为价格肯定回升而盲目扩大生产。同样，在市场价格较高、产品盈利较大时，也不能因为市场价格已经较高，就认为今后价格肯定下降，如果此时立即缩小生产规

模，可能也会有较大的损失。掌握和预测价格变化比较好的方法是随时了解市场行情，全面掌握相关信息，了解农业生产的相关动态，如对于养猪，就需要了解和掌握饲料成本的动态、仔猪生产的动态、母猪生产的动态、产品进出口的动态等。根据这些情况做了全面分析后，才有可能较为准确地掌握市场价格变动的条件，从而做出正确的决策。

由于影响市场价格波动的因素很多，农户对具体产品价格的预测非常困难，组织起合作社，实行专人负责，增加信息来源，认真分析市场动态，集思广益，就有可能得到比分散农户自己考虑的更好的结果。

三、避免因价格波动而带来的损失

为了避免因价格波动而带来的损失，可采取以下两项措施。

一方面，增加农产品的储存条件。我国已经有不少规模化养殖、种植基地为了减少市场价格波动的损失而建立了大规模的储存设施，多数取得了较好的效果。目前农产品储存的技术在不断完善，成本不断下降，国家在新农村建设中对这类项目还有一定的补贴，可以考虑在适当的时间将储存的设施建起来，在价格特别低时将产品储存一个时期，等待价格的回升。

另一方面引进肉食产品加工企业。通过与企业联合稳定生猪的市场价格。由于工业企业对原料的需求比较稳定，多数企业往往不希望原料价格和供货数量大幅度波动，所以会有一定的保证措施，农户可以通过与企业签订合同的方法使生猪价格得到一定程度的保证，在一定程度上减少损失。

第四节　农业区域条件与项目选择

区域条件对农业项目选择有至关重要的影响，这一点很早就为人们所认识。如果我们认真考察一个地区的自然、经济和社会状况，就可以根据上述条件选择当地适合的农业项目。

一、农业项目要依托区域市场

农业项目必须依托一定的区域市场，即农产品的消费对象、交易场所或再加工渠道。农业项目的区域市场可以分为3类，即地区市场、全国市场和国际市场。地区市场是农业项目的直接市场，通常是本地区那些较大城市，如省会城市、地区级城市、县级城市等。

1. 地区市场

地区市场对农业项目的影响主要集中在以下两个方面。

(1) 市场需求，即该市场需要什么样的农产品。

(2) 储运条件，即道路、运输工具、仓储保鲜设施等。

2. 全国市场

面向全国市场是当今各地农业项目的发展趋势，全国市场比地区市场广阔，进入全国市场又比进入国际市场容易。

3. 国际市场

国际市场是巨大的，在国际经济日趋一体化的今天，国际市场更为重要。但国际市场也是相对复杂的，它不仅取决于外国是否对农产品有需求，还受以下因素的影响。

(1) 外国的关税政策。

(2) 外国货币是否统一和可兑换。

(3) 外国与我国的空间距离，运输方式和口岸条件。

(4) 外国的社会文化背景和消费习惯。

(5) 我国与外国的贸易是否平衡。

(6) 我国在外国的农产品销售渠道和市场拓展情况等。

二、运输成本是选择农业项目的关键因素

选择农业项目要考察项目的收益水平。农产品生产的收益受 3 个因素的影响，即销售价格、生产成本和运输成本。从区域条件看，运输成本对农业项目收益影响最大。

农产品通常是经由区域市场进行销售的，即城市、农产品集散地和加工企业，只有很少部分在地头销售。城市、农产品集散地和加工企业对农产品有汇集作用，同时也使同一种农产品按同一种价格进行销售。在一个地区，同一种农产品的销售价格要升同时升，要降同时降，地域差别并不显著。

农产品的生产成本是有差异的，但这种差异主要来自生产条件，如气候、土壤、劳动力、生产技术、产业规模等。但生产成本受区域条件的影响不大，特别是受生产地点的空间位置影响较小。

从区域角度看，生产地点的空间位置对农产品市场影响最大的是运输成本。如果生产地点距离区域市场距离远，运输成本高，其产品的竞争能力就弱；如果生产地点距离区域市场近，运输成本低，其产品的竞争能力就强。由于运输成本的存在，与区域市场的距离也就决定了该地点适于生产什么农产品。例如，在北京、上海、广州等大城市近郊区，适于生产蔬菜、花卉等储存时间短、易腐易变质的产品，或发展采摘、休闲等项目；在远郊区，适于进行水果种植和集约化养殖；而粮食等可以长途运输的农产品则在人少地多的区

域生产。这种区域特性，使农业项目的地域分布围绕区域市场形成了一个个的环带；农村只要看看自己处于什么环带上，适于发展什么农业项目也就清楚了。

三、发挥综合区位优势

生产地与区域市场的距离对选择农业项目有直接影响，但一个区域的自然、技术、社会、行为、政策等其他因素也会对选择农业项目产生影响。这是因为上述因素都必须体现在一个特定区域上，如山脉、河流的走向能够影响产业分布，有没有公路、铁路会影响经营成本，行政区划会影响经济发展，产业政策会影响税收、劳动力和产业方向，社会、文化会影响经营观念和劳动者素质。这些都是从区域条件角度选择项目时应予以注意的。

从区域条件角度选择项目时应发挥综合区位优势，具体而言应注意 3 个方面。

一是注意当地特殊的区位特征，即本地拥有而其他地区所不具备的特殊性。这些区位特殊性可以是多方面的，如当地有没有车站、河流、商品集散地、著名特产等。

二是注意区位特殊性的正面价值，即这些区位特殊性对发展经济有什么好处。如商品集散地带来商品、人员和信息的流动与聚集，这些流动和聚集既是一种资源，又可以形成新的市场需求。

三是注意从区位特殊性的正面价值开发新项目，如从商品集散地所带来人员流动和聚集，搞餐饮和住宿项目。

四、利用区域产业的发展势头和聚集效应

选择农业项目还要学会利用区域产业的发展势头和聚集

效应，也就是我们常说的做生意要“乘船”和“扎堆”。

聚集效应是同类企业聚集在一起，从而形成的规模效应。这种产业规模的好处是能够加强同类企业间的分工与协作，高效率地使用地区资源，降低每个企业的经营成本。产业规模还能吸引劳动力、资本和其他资源向其集中，使政府的产业政策向其倾斜，甚至影响区域以外的劳动力、资本和其他资源。产业规模对市场也有影响，扩大产业规模可以提高当地产业的知名度，使销售商自动找上门，减少当地开拓市场的难度。大量同类企业聚集在一起，能够使企业间相互学习、相互借鉴，加快企业的科技进步。

聚集效应的结果是使本地区的经济加速发展，使资源增值，加深农产品的加工。当聚集效应达到一定程度时，本地区还会向其他地区扩散技术、输送产品、进行投资。这样，本地区就有一种不断自我强大、自我扩张的内在力量，并成为行业中的主导。

在选择农业项目时学会“乘船”和“扎堆”，可以利用本地区其他企业的发展帮助自己发展，使本企业很容易地找到市场、产品、劳动力、资金、资源和政策，并使本企业有一个适宜的经营环境。随着当地经济的发展势头，巩固本企业在市场和行业中的地位。“乘船”和“扎堆”，要改变“以邻为壑”的错误观念，学会与其他企业协同发展。

五、从产业配套中寻找机会

一个地区的产业不是相互独立的，内部存在着许多产业链条。这些产业链条是按照企业间产品、业务的衔接关系，或企业在一个地区的分布方式而形成的。产业链条中存在一种产品、业务的衔接机制，像一只无形的手调控着一个地区相关产业的发展。在一个地区的产业链条中，有上游和下游产业，上游产业是下游产业的条件，下游产业为上游产业提供需求信息。当上游产业壮大时，可以在下游产业寻找发展机会；而下游产业发展时，也会促进上游产业的发展。

一个地区在经济发展过程中，产业链条是不断成长和变化的，其中有 3 种情况常常孕育着上新项目的机会。

一是产业链条中有断裂，这时该地区上游、下游产业都具备，是最好的发展机会。

二是产业链条发展不平衡，上游产业或下游产业很强大，而其他相关产业很弱小，这时弱小产业存在发展机会。

三是因产业链条的成长而形成了新兴产业，这些新兴产业也有很多发展机会。

利用一个地区产业链条中的机会而在相关产业上开发新项目，这就叫产业配套。对于现有企业来讲，产业配套可以降低购买外部协作产品或服务的费用，促进技术合作，优化自身资本结构，延长产业链条，使自身专注于核心产品或业务的发展。对于新企业来讲，产业配套能够充分利用区域条件，找到更好的商业机会。

第五章 农业经营与管理条件的利用

第一节　土地条件的利用

在农业经营中，经营者首先要充分了解和把握土地的自然条件，调整农业产业结构，从而提高经营效益，实现增收。除此之外，在符合国家有关政策的条件下，经营者还必须对我国土地利用的要求、合理获得土地的方式以及提高土地利用率的方式等有全面的了解。

一、现代农业生产用地的特点及农地利用方式

农业生产用地包括耕地、林地、草地、农田水利用地及其他依法用于农业的土地。其他依法用于农业的土地，主要包括荒山、荒沟、荒丘、荒滩“四荒”，以及养殖水面等。

（一）现代农业生产用地特点

现代农业生产用地有以下特点。

1. 配套用地增加

现代农业具有设施化、机械化、车间型生产的特点，现代农业生产用地分为直接和间接用于农业生产的土地。间接农业生产用地包括渠道和道路用地，包括各级固定排灌渠道和道路等用地、生产设施用地、临时管理用地、农产品加工车间投入品仓库、电力排灌站等。

2. 农业用地范畴扩大

随着社会经济发展，现代农业的项目不断增加。当前已有许多农业作物可以种在基质上、长在大棚里，有的地区还在废弃的矿洞中发展蘑菇种植和鱼类养殖，扩大农业生产能力已经不仅只有扩大耕地面积一种选择，农业生产的耕作层

也不仅只有地面一个选项，农业生产也不仅只有种植业和养殖业，这些都使农业用地的范畴进一步扩大。

3. 可用面积增加

现代农业的另一个特点是通过新的技术将原来难以利用甚至不能利用的土地转变为农业用地。通过新的技术、新的思路，扩大农业用地的范畴是现代农业经营与管理的重要任务。

（二）现代农地利用方式的变化

土地出租数量增加，土地经营由分散趋向于集中是现代农地利用方式的主要变化。

目前，一些农民或外出打工，或到农村城镇经商创业，或从事于二三产业，自愿将承包经营的土地转让。此外，还有部分农民把土地经营权转让给其他农户承包，自己则成为打工的“农业工人”。在这种条件下，一些农业生产经营者通过承包、租赁等多种土地流转方式取得土地的经营权，将闲置或利用不高的土地集中起来，扩大了农业经营用地的规模，各种各样的农业种植园、养殖场在全国各地大量涌现。

二、农业生产用地的流转

农业生产用地的流转主要是指土地承包经营权流转，即通过承包取得的土地承包经营权可以依法采取转包、出租、互换、转让或者其他方式流转。农业经营者要扩大土地的经营，可以利用其他农户转包、出租、互换、转让或者其他方式流转取得土地。国家保护承包方依法、自愿、有偿地进行土地承包经营权流转。转包期限视承包合同而定。耕地的承包期为 30 年；草地的承包期为 30～50 年；林地的承包期为

30~70年；特殊林木的林地承包期，经国务院林业行政主管部门批准可以延长。

（一）农村土地流转相关规定

鉴于土地的特殊性，我国建立了一套严谨的农业生产用地流转制度。

1. 土地承包经营权流转主体

《中华人民共和国农村土地承包法》（以下简称《农村土地承包法》）第三十六条规定，土地承包经营权流转的主体是承包方。承包方有权自主决定土地承包经营权是否流转和流转的方式。

2. 土地承包经营权流转的费用与收益

《农村土地承包法》第三十九条规定，土地承包经营权流转的转包费、租金、转让费等，应当由当事人双方协商确定。流转的收益归承包方所有，任何组织和个人不得擅自截留、扣缴。

3. 以其他方式将农村土地发包给本经济组织以外的单位和个人的程序

《农村土地承包法》第五十二条规定，发包方将农村土地发包给本集体经济组织以外的单位或者个人承包，应当事先经本集体经济组织成员的村民会议2/3以上成员或者2/3以上村民代表的同意，并报乡（镇）人民政府批准。由本集体经济组织以外的单位或者个人承包的，应当对承包方的资信情况和经营能力进行审查后，再签订承包合同。

（二）土地流转的主要程序

（1）承租方与农户在双方自愿的基础上，协商确定土地承包经营权流转的方式、期限和具体条件。

(2) 农户向村提出流转要求，经村委会备案后报乡镇人民政府农村土地承包管理部门（农经站）。

(3) 乡镇人民政府农村土地承包管理部门（农经站）在对承租人的实力和资信情况进行审查的基础上，指导流转双方按协商一致的原则签订流转合同，使用统一格式的农村土地流转合同文本。如发现流转双方有违反法律法规的约定，要及时予以纠正。流转合同一式四份，流转双方各执一份，发包方和乡镇人民政府农村土地承包管理部门（农经站）各执一份。农村土地承包经营权流转合同应包括以下内容：①双方当事人的姓名、住所；流转土地的四至、坐落、面积、质量等级。②流转的期限和起止日期。③流转方式、流转土地的用途。④双方当事人的权利和义务、流转价款及支付方式。⑤流转合同到期后地上附着物及相关设施的处理。⑥违约责任。

(4) 乡镇农村土地承包管理部门（农经站）应及时对土地流转情况进行登记，并将有关合同及文本资料进行归档保管。

(5) 对流转面积在200亩以上的要报县农业主管部门备案。

（三）农村土地流转应注意的问题

为了更好地进行农业生产用地的流转，农业生产经营者应注意以下几个关键问题。

(1) 平等协商，自愿有偿。土地承包使用权的流转，必须是承包农户完全自愿，不允许违背农民意愿强行要求流转或者阻碍流转；土地转让的期限、数量、补偿办法、订购任务和承包费的处理等具体问题，要由流转农户之间协商确定。

（2）流转期限不得超过承包合同规定的承包期限。

（3）经发包方备案或同意，并坚持土地集体所有和不改变土地农业用途。

（4）在同等条件下，本集体经济组织成员享有优先权。

三、提高土地资源利用效果的方式

农业生产经营者在取得农业生产用地后，应采取有效措施提高土地资源的利用效果。具体有以下几种方式。

（一）加强土地资源保护

土地资源的保护措施，一是使土地资源向适合于农业利用的方式转换，如防止水土流失、防止土地的盐碱化、增加土地的有机质含量等；二是减少非农业对农业土地，特别是优质农业土地的占用。现代农业经营中，农民要想在所经营的生产项目上获得稳定的经济效益，不但要树立现代农业生产经营的意识，而且要改变陈旧的、不科学的农业劳作方式，从而合理利用和保护珍贵的土地资源。

（二）提高集约化经营程度

集约利用土地包括劳动集约、技术集约和资金集约。具体而言，在农业生产中有以下几种途径。

1. 增加资金投入，提高农业技术装备水平

实行农业机械化、电气化，以及使用其他现代化先进农业技术装备来进行生产经营。具体来说，如果是从事种植业，要在平整土地、改良土壤、水利灌溉等方面投入较大人力、物力；如果从事的是养殖业，就要在渔场的环境建设上多投入。另外，还有畜牧业、农副产品加工等行业，都要有针对性地进行科学投入和建设。

2. 利用现代农业科学技术，提高土地生产率

在耕种时，普遍使用良种，科学增加使用化肥和有机肥数量，不断提高肥料的质量，可以有效增加土地的产出。学习现代技术防治病虫害和杂草，合理密植，有意识地改进耕作技术和耕作制度，也可以有效提高土地的生产率。另外，还可以利用科学技术改变种植方法，使土地利用率得到提高。

3. 扩大复种面积，提高复种指数

在同一块耕地上，一年内种植和收获一次以上的作物叫作复种，这样使用的土地面积叫作复种面积。在我国目前的气候条件下，大部分地区的耕地都可以做到二年三熟或者更多，有些地区还可以做到一年两熟甚至三熟。因此，要因地制宜地创造条件，适当地扩大复种面积，提高复种指数，这是进行土地集约的重要途径。

我国北方多数地区复种条件较差，但在进入 21 世纪后，我国北方设施农业面积大幅度增长，设施农业通过投入改变了土地的条件，使其可以在过去不适合种植的条件下实现农产品的生产，明显提高了土地的利用率。

4. 提高经营管理水平和劳动力素质

在相同的土地和同等技术条件下，不同的计划、组织、协调条件下，生产的产品产量和质量不同，为了更好地利用我国现有的土地，需要提高农业经营管理的水平。此外，劳动力的技能、知识和经验对于土地的利用也有重要的意义。一般来说，长期专业从事一种农业活动对提高农业劳动力的能力有重要作用。同时，提高农村劳动力的基础条件，增加农业培训的费用，改善农业劳动力培训的条件也有利于农业用地产生更高的效益。

（三）农业用地的适度规模经营

土地适度规模经营是指根据农业生产发展的客观要求和社会、经济、技术、自然条件的可能，将土地生产要素适当集中使用，从而获得最大经济效益。对于现代农业生产经营者而言，实现适度规模经营不但依赖土地流转制度，依靠有关政策的落实，同时也要靠农业经营者自己采用灵活的方法和有效的措施。如可以通过转租的方式，也可以通过对荒地的开拓，对土地的改良，与农户的合作及土地入股等灵活方法。现代农业经营要有开拓的思路，除了在本地外，还可以在其他区域承包土地。

第二节　劳动力条件的利用

农业劳动力条件与素质是决定我国现代农业发展的主要因素之一。近年来，由于国家不断加大对农村的政策扶持与资金投入，我国农村劳动力教育和培训条件开始有明显改善，许多农民逐步掌握农业现代化的生产知识与技能，并由此走上致富的道路。但整体而言，我国农村劳动力素质平均水平并不高。农业劳动力面临年龄老化、文化素质低等问题。

一、我国农村劳动力的现状

（一）农村劳动力文化素质偏低，缺乏现代农业经营的知识与技能

据调查，我国4.9亿名农村劳动力的平均受教育年限只有7.3年，受过专业技能培训的仅占9.1%，接受过农业职业教育的不足5%，绝大多数农村劳动力仍属于体力型和传统经

验型农民，还没有掌握现代生产技术。懂得如何正确使用化肥和农药的农民占比不足从业农民数量的1/3。主要原因有：一是教育程度高的劳动力多数脱离了农业；二是历史上长期缺乏这方面的培训投入。

（二）农村女性和老年劳动力比例上升

从我国目前农业劳动力的性别构成看，农业女性劳动力占农业劳动力的比重有上升趋势，这一方面是由于我国农村城镇化进程加快，致使农村剩余劳动力大量转移，而转移的劳动力多以青壮年男性为主；另一方面是由于在青壮年劳动力转移的同时，农村家庭中的老人和孩子往往需要有人照管，而女性劳动力更适合这一工作。

在农业女性劳动力比例上升的同时，我国农业劳动力老龄化速度也在加快，据有关调查，我国农业劳动力的平均年龄在45岁以上，50岁以上的劳动力占到农业劳动力的45%以上。老年和中年女性劳动力已经成为农业劳动力的主要组成部分。

（三）外出务工的农村劳动力素质有较大程度提高

外出务工的农村劳动力在城市工作和生活过程中，逐渐形成了能够与城市生活相适应的价值观、生活态度和社会行为模式，摆脱了乡土关系的束缚，传统小农意识逐渐减弱。他们将掌握的知识、技术、信息带回家乡，选择农业中的规模化种植和畜禽、水产养殖业，发展成为当地的种田能手、经营大户，起到了经济带头人的作用。他们的示范效应带动了其他农户的生产，促进了输出地农业产业结构的调整，对产业化经营的发展起到了积极的推动作用。外出劳动力对人力资本积累的影响不仅体现在劳动者本人素质的提高，还体现在家庭其他成员的身上，特别是对子女的教育问题上，从而为整个农村社区今后发展所需人力资本的积累奠定了一定的基础。

（四）部分拥有专业技能和知识的人才走入农村

近年来，一批有见识、有知识、有技能的人才开始把视线投向农业，在我国的东北和内蒙古地区，一些投资者投入上千万元甚至上亿元搞牛奶产业。在我国其他地区，投资于畜牧业、林业及水产养殖的典型例子数不胜数。这些投资者经营的农产品销路明确，质量要求高，市场需求量大，对生产管理和技术人员的要求相对高，这在一定程度上改变了农业劳动力的结构。

二、农村劳动力培训

针对我国农村劳动力人口数量大，素质与差异性较大的现状，国家做出了加快农村劳动力技能培训的战略决策，明确了“政府推动、市场运作、部门配合、农民受益”的原则，各级政府加大了对农村劳动力培训的投入，培训形式灵活多样。大量的培训在不同程度上提高了农村劳动力的技术能力，丰富了农民的知识和文化，解决了历史上长期不能解决的部分农业技术问题。目前，针对农村劳动力开展培训包括实用技术培训、青年农民科技培训、村组干部培训，以及农民学历教育等，为农民参加农业职业技术培训创造了良好的条件。

三、农业经营中所需劳动力的利用方法

（一）雇用劳动力

农业经营者聘请本地农村劳动力完成农业生产经营活动，

在我国农业经营大户中已经非常普遍。除本地劳动力外，现代农业的经营者已经开始跨省市雇用农业劳动力。例如，我国新疆在棉花收获季节，雇用大量外省农民采摘棉花。又如，我国的东南沿海地区，由于大量劳动力从事非农产业，来自中西部的农民在一定程度上承担了当地农业的生产劳动。在我国黑龙江、吉林、云南、海南等地都有大量的外来农民在现代的农场中从事农业劳动。

（二）与高校、科研机构合作

与高校以及科研机构合作，不但使农业科研成果迅速转化为生产力，促进农业生产的不断发展，而且使农业生产项目获得技术支持，这也间接地为农业经营者提供了具备相当技术含量的劳动力支持。

（三）聘请高层次的经营与管理人员

农业经营者通过社会招聘等方式吸引大专院校和中等职业学校毕业生以及具备相关知识的人才参与生产和经营活动，这在我国很多地区的农业经营中已不少见。进入 21 世纪，我国对于大学生到农村就业出台了一系列的优惠和鼓励措施，这为农业经营管理者聘请高层次人才创造了更为有利的条件。

（四）开发和组织农村女性劳动力

由于我国农业机械化水平的提高，专业分工的深化等在一定程度上减轻了农业劳动的强度，使农业劳动已经可以完全由女性承担。广大女性通过培训掌握了现代农业生产知识技能，又通过专业协作解决了各个生产环节的难题，通过专业合作组织解决了农产品经营方面的各种问题，这就为发挥女性劳动力从事农业创造了良好的条件。

第三节　经营资金的利用

与传统农业相比，现代农业经营规模大、专业性强、集约程度高，对资金的需求量很大，如果仅仅依靠农业经营者自身的能力无法实现，由此可见，现代农业对资金融通有较强的依赖。与此同时，农业资金的融通可以为现代农业的经营提供坚实的基础和良好的条件，从而给现代农业经营者和融资者带来可观的回报和收入。

一、现代农业资金来源

现代农业生产经营资金来源主要有以下几方面。

（一）自有资金的投入

农业经营主体是农业资金最主要的投资者。改革开放以来，我国部分农业经营主体发展速度快，效益好，农业经营主体自有资金的数量有所增长。此外，部分经营其他产业的经营者转向农业项目，这些人利用其在其他产业积累的资金投入农业项目，在相当大程度上推动了现代农业的发展。

（二）国家财政支持

国家财政对农业的支持是指国家财政预算中用于农业的各项投资支出，包括农业科研推广、农业基础设施、农业公共服务等公共支出以及为支持和调控农业而发放的各种农业补贴。在当前的新农村建设中，国家财政加大了对农业支持的力度，增加了对农业的补贴，各级地方政府也有对不同农村项目的资金支持。

（三）吸收来自各方面的信贷资金

这主要包括国家银行的贷款、农村信用社的贷款、农村的社会集资以及民间借贷等。信贷资金特别是国家银行和信用社的贷款在农业资金中占有重要地位。

（四）吸收各方的直接投资

所谓直接投资即以取得红利为投资报酬的形式，而不以取生利息为投资报酬形式的投资。这方面的资金来源主要包括通过合股经营、横向联合等方式吸收的资金。它是中国改革开放以后逐步发展起来的筹资方式，具有广阔的发展前景。

（五）国外农业资金

改革开放特别是我国加入世界贸易组织以来，农业的发展环境从根本上得到了明显的改善，利用外资发展我国农业生产的情况越来越普遍，我国农业利用外资的渠道主要有多边、双边和外商直接投资 3 类。

1. 多边渠道

主要包括世界银行贷款、世界粮食计划署无偿粮食援助、国际农业发展基金贷款、联合国粮农组织技术援助、联合国开发计划署技术援助、欧盟财政技术援助、亚洲开发银行贷款和技术援助等。这些援助主要针对我国政府，农业经营者间接可以得到这些项目资金的支持。

2. 双边渠道

主要指来自国外政府或组织的贷款及技术援助。

3. 外商直接投资

外商投资于农业主要有独资、合资、合作等形式。农业经营者可以利用自己的条件争取这些资金的支持。在与外商的合资、合作中，除了可以得到资金的支持外，一般还会有国外先进技术、销售渠道、经营管理等条件。虽然外商投资的目的是获利，但可以在一定程度上改变我国农业资金不足、技术不高、管理不善等问题，在合理的条件下可以取得双赢的结果。

二、我国农业信贷资金融资机构

农业信贷资金是我国农业经营者从外部获得资金用于发展农业经营项目的主要方式，充分了解现阶段我国农村金融组织和机构有关发放贷款的政策、程序和各项规定，对现代农业经营者是非常必要的。

（一）商业性农业信贷机构

商业性的农业信贷机构是依法注册成立的以营利为目的的金融中介组织。这种金融组织不仅吸收存款而且提供贷款，贷款的利率高于存款利率，以赚取贷款与存款之间的利差。盈利是这类金融机构的主要目标。其提供贷款的资金来源主要来自吸收的存款和自有资本。商业性的农业信贷资金的利率一般会比较高，而且常常应用于营利性较强的农业项目。就我国目前情况而言，这类金融机构以中国农业银行等商业银行为主，主要提供商业性的农业信贷资金。

（二）合作性农业信贷组织

合作性农业信贷组织一般是由农业信贷需求的农业经营者按照合作制原则组建的信贷组织。它的信贷资本金由一些农业经营者共同出资，只在合作经济组织内部提供信贷服务，相互融通资金，以营利性与服务性为双重目标的一种合作金融组织。我国目前的农村信用社和资金合作社就属于这样的组织。

（三）政策性农业信贷机构

政策性农业信贷机构是由政府出资成立并经营，专门为农业提供政策性信贷的金融机构。它一般不直接吸收存款，其信贷资金来自政府提供的信贷资本金及其公积金，提供的农业贷款一般按照优惠的利率提供给有农业信贷需求的农业经营者，并且不以营利为主要经营目标。目前，中国农业发展银行属于此类机构。

（四）民间农业信贷组织

民间农业信贷组织是指除上述提到的金融组织之外存在的非正规的金融组织，如经济服务部、金融服务部、私人钱庄等，这样的民间组织信用活动不规范，在实践中存在诸多问题。然而民间信贷组织在我国农村很多地方非常活跃，在一定程度上推动了我国现代农业的发展，只是通过此种方式融资的农业生产经营者往往要承担很大的风险。

三、农业信贷资金的申办

通过金融机构取得信贷资金，是农业经营者发展经济、脱贫致富的重要筹资渠道。从我国现有金融机构格局来看，直接支持农村经济发展的金融机构主要有农业发展银行、农业银行和农村信用社，而直接对农村家庭承包户发放信贷资金的主要是农村信用社。农业信贷资金的取得需要有一系列的手续，具体内容如下。

（一）农业生产经营资金的一般申办要求

1. 合理选择贷款种类

农业银行和信用社为农民开办的贷款种类主要有：生产

周转贷款、生产设备贷款、预购定金贷款、开发性贷款、生活贷款、抵押担保贷款等。如从事种养殖、加工、销售、运输、服务、娱乐等所需资金，可申请生产周转贷款；购买牲畜、农机具、建畜禽圈舍、烤烟房等所需资金，可申请1~3年期生产设备贷款。

2. 申办过程和要求

（1）向农业银行或农村信用社提交贷款申请书。

贷款申请书要写明：贷款用途、贷款金额、还款来源、还款时间、担保单位或担保人、抵押品名称、银行存款账号、家庭住址、营业地址、借款人身份证号码等内容，并按规定开立存款账户。

要求：贷款者必须有一定数量的自有资金和可靠的还款资金来源，所生产和经营品种必须符合国家政策规定，产品符合社会需要，有产销或承包合同，经营效益好，遵守《贷款通则》，接受银行信贷部门的检查监督，贷款专款专用，讲信用；种养业大户、开发性项目等贷款户，还需要有具备一定经济实力的单位或个人担保，或者以其财产、有价证券等进行抵押。

（2）银行或信用社再进行贷款调查、论证、审查。

（3）对符合贷款条件者，发给贷款借据。

（4）签订借款合同或抵押担保合同。

（5）办理借款。

（二）农村小额信贷资金的申办

农户小额信用贷款是指农村信用社基于农户信誉，在核定的额度和期限内向农户发放的不需抵押、担保的贷款。

1. 小额信贷资金的申办条件与要求

（1）小额贷款对象。具体包括种养大户、订单农业户、进城务工经商户、小型加工户、运输户、农产品流通户和其他与“三农”有关的城乡个体经营户。

（2）小额贷款用途。支持农业及有利于提高农民收入的各产业发展。

（3）小额贷款额度。因地制宜地确定不同地区农村小额贷款额度。原则上，发达地区可提高到10万~30万元，欠发达地区可提高到1万~5万元，只要能够还本付息，及时收回就可以。

（4）小额贷款期限。小额贷款期限要与小额贷款项目的生产周期相匹配，可以跨年度。

（5）小额贷款利率。利率根据项目风险程度、借款人信用状况以及贷款实际情况来确定，灵活掌握，但必须要符合国家有关利率政策。

（6）小额贷款办理。农村信用社及所有银行业金融机构，都可以到农村去发放小额贷款。

2. 小额信贷资金的申办程序

（1）向当地农村信用社申请办理贷款证。

（2）农村信用社接到申请后会对申请者的信用等级进行评定，并根据评定的信用等级，核定相应等级的信用贷款限额，并颁发贷款证。

（3）农户需要小额信用贷款时，可以持贷款证及有效身份证件，直接到农村信用社申请办理。

（4）农村信用社在接到贷款申请后，对贷款用途及额度进行审核。

（5）审核合格即可发放贷款。

需要注意的是，按照现行规定，只有种植业、养殖业等农业生产费用贷款，农机具贷款，围绕农业产前、产中、产后服务贷款及购置生活用品、建房、治病、子女上学等消费类贷款才可以使用农户小额信用贷款的方式。农户在申请贷款时应注意检查贷款证上所注明的额度，在规定的范围内进行申请。

四、科学管理农业资金

通过科学管理，可以在有限资金条件下扩大种养殖规模。具体可以采取以下措施。

一是通过租用，减少固定资金投入。

二是通过赊销，减少流动资金投入。

三是维护信用，扩大利用资金的条件。

第六章 农业生产管理

第一节　种植业的生产管理

一、农作物种植的生产管理

农作物生产是种植业生产部门的主要组成部分。大田栽培的粮食作物、经济作物、饲料作物都属于农作物生产的范围。科学合理地安排农作物种植制度，对于提高农作物经济效益，维护生态平衡，提高地力和防治病虫害有重要意义。

（一）农作物的生产特点

农作物生产过程是自然再生产与经济再生产相结合的过程，必须按自然规律和经济规律组织生产。农作物生产的特点主要表现如下。

1. 农作物生产以土地为基础

土地是农作物生产不可替代的生产资料。土地本身具有独特的特性肥力，而且数量有限。土地在科学合理使用下，其肥力可以得到提高。农作物生产要因地种植，实现用地与养地相结合，才能实现农作物持续稳产、高产。

2. 农作物生产的对象是有生命的植物

农作物生产是在大自然中进行的，受到自然界许多因素（土壤、水分、气候、光照等）的影响。因此，农作物生产具有不稳定性和难以控制性。农作物利用其生活机能，通过对光、热、水、肥等的吸收，将无机物转变为蛋白质、淀粉和糖分等有机物质，满足人类生活、生产的需要。

3. 农作物生产具有较强的季节性和时间性

生产效果在很大程度上取决于按农事季节完成各项作业

的状况。因此，各项作业必须按农事季节完成。农作物生产的这一特点还影响到其他一些部门的生产。

4. 农作物生产的生产时间与劳动时间的不一致性

这种不一致性要求把农作物生产与其他一些有关部门的生产恰当地结合起来，以便最大限度地利用自然资源和人力资源。

（二）农作物的生产管理

农作物生产季节性强，周期较长，一般需要经过整地、播种、田间管理和收获等作业过程。在各个阶段，作业内容不相同，目的要求不同，采用的技术措施与操作方法不同，所需的劳动量和生产资料也有差别，并且要求在规定的期限内完成作业任务。因此，组织好每个阶段的生产活动是生产过程组织的重要任务，是夺取丰收的关键。

1. 耕作工作的组织

整地是种植业生产的一项基本工作，它直接影响以后一系列作业的质量。在耕作工作中为了保证作业质量，首先是做好人力和机具的准备，并应力求做到精耕细作，达到规定的技术要求。

2. 播种工作的组织

在种植业生产中播种工作是一项时间性很强的重要作业。高质量地适时完成作物的播种作业，对农作物的高产起决定性的作用。播种工作的技术要求高，时间限制严，有时还与收获工作同时进行，因而需要加强组织管理，合理调配劳力，有计划地安排作业，以便保证播种工作的顺利完成。

3. 田间管理工作的组织

田间管理工作是在从播种到收获这一阶段中进行的，这是农作物生长发育和形成产品的过程，这阶段的田间管理工作相当多，如间苗、中耕、培土、除草、施肥、灌水、打药等。这些农活均直接影响到农作物的产量，应严格按照技术要求进行。

4. 收获工作的组织

这是一项最为繁重和重要的工作，组织好这个阶段的工作才能保证丰产丰收。这个阶段的主要任务是把成熟的庄稼全部收获到手，颗粒归仓，不受损失，同时还要把地及时空出来为下茬作物的及时播种创造有利条件。收获工作可以采用不同的方式进行，或手工收割，或畜力农具收获，或机械收割等。不同的方式有不同的技术操作规程，在进行作业时应严格按操作规程进行。当产品收获后，还要注意安全，加强防火、防盗、防雨措施，保证到手的劳动成果不受损失。

农作物生产过程中的作业项目繁多，生产组织工作总的要求是合理使用人力、机器设备等，保证农活质量，符合农艺要求；不违农时，在规定的期限内完成各项作业；注意节省开支，降低作业成本，提高生产的经济效益。

二、蔬菜种植的生产管理

（一）蔬菜的生产特点

蔬菜生产是农业种植业的一个重要组成部分。因此，因地制宜地发展蔬菜生产，特别是在大城市郊区及工矿区周围发展蔬菜生产，对于保证城镇居民蔬菜的供应、增加菜农的收入都具有重要意义。尽管栽培蔬菜种类繁多，种植方法各异，但蔬菜生产却具有如下共同特点。

1. 季节性生产、均衡性消费

这是蔬菜产销工作中的主要矛盾。蔬菜的产品特点决定了人们天天需要消费，而蔬菜生产又受自然条件特别是气候条件的影响，具有明显的季节性。在市场供应上反映为淡季和旺季。在淡季供不应求，市场紧张，消费者不满；在旺季供过于求，大量产品返销腐烂，造成浪费，生产者蒙受损失。因此，在蔬菜经营上必须根据这一特点，组织好生产与供应。

2. 种类、品种繁多，茬口安排复杂，复种指数高

蔬菜可分为叶菜、根菜、果菜、茎菜、花菜、水菜六大类，在每一类中又有若干品种若干品系，由于各种类、各品种、各品系的生物学习性各异，生产周期长短不一，故在生产的茬口安排上较其他农作物复杂得多，有的一年多茬，有的多年一茬或一年一茬，其复种指数很高。因此，蔬菜生产必须根据这一特点逐个品种，逐季逐月地安排生产，力争做到均衡生产，均衡上市。

3. 蔬菜不耐储藏，远程运输困难

蔬菜多为鲜嫩产品，含水量大，容易腐烂变质，不耐储藏，大量远程运输困难，可食率低。根据这一特点，要求经营者既能适应它的生命活力，保持它的鲜活度，又能根据产品的理化、生物特性进行科学检验、保鲜储运，以保持产品使用价值，提高产品的可食率，满足消费者对产品鲜嫩的需要。

4. 蔬菜生产的集约化程度高

由蔬菜生物学特性和生长发育规律的决定，蔬菜生产与其他农作物比较，其对水、肥要求较高，需要投入的劳动和资金也多。因此，根据这一特点，在经营上应实行集约经营方式，以劳动集约、技术集约和资金集约相结合的办法，不断提高蔬菜生产的集约化水平，提高蔬菜的产量和经营效益。

5. 蔬菜生产的波动性和风险性大

蔬菜生产除对肥、水条件要求较高外，还易受旱、涝、

病虫害、霜冻等自然灾害的影响，产量不稳定。波动性大，难以正确估计产量和进行市场预测，不利于市场运销活动的开展，其生产风险和经营风险均大。

6. 蔬菜栽培技术的综合性强

蔬菜栽培包括播种、育苗、移栽、施肥、灌溉等环节，各环节各作业过程都有特殊的技术要求，而且栽培过程涉及有关植物生理、遗传、生物生化、土壤、气象、农业机械、植保等综合技术，难度大，蔬菜生产者难以掌握。

（二）蔬菜均衡生产管理

蔬菜均衡生产是保证蔬菜均衡供应的前提。蔬菜供应不均衡，直接影响消费者和生产者的利益，为此，特提出下列几项措施，以保证蔬菜均衡生产，达到均衡供应的目的，主要措施如下。

（1）科学安排露地蔬菜茬口、轮作、品种。

（2）采用先进栽培技术，以提早或推迟落市。

（3）积极推广保护地栽培和温室栽培方式，缩小淡旺季差距。

（4）发展蔬菜储藏加工，建设冷库或速冻车间。

（5）发展高山寒地蔬菜，与平原蔬菜错开上市。

（6）加强道路建设，建立蔬菜运销绿色通道。

三、果树种植的生产管理

（一）果树的生产特点

果树生产是种植业生产的重要组成部分，在国民经济中占有重要地位。果树生长的生物学特性决定了果树生产具有与其他部门所不同的特点，要研究果树生产的组织与管理，就必须了解果树生产的特点。果树生产的特点如下。

1. 果树生产是具有多效益的生产部门

果树生产不仅为人们提供营养丰富的果类食品，满足消费者日益增长的多种需要，为食品工业、化工工业等国民经济诸部门提供原料，在增加集体和果农收入等方面起了重要作用，而且还有改善气候条件，保护生态平衡，美化生活环境等作用。果树生产具有经济、社会、生态诸方面多效益的特点。

2. 果树生产经济效益高，持续性强，但一次性投资大，资金回收期长

果树多数为多年生植物，生产初期投资大，一般果树投资后需几年才有效益。随着人们生活水平的提高，对果品的需要量越来越大。

3. 果树生产技术复杂

果树生产从育苗、定植、采果到产品的贮、运、销等过程涉及一系列复杂的技术问题，而且各个作业过程、各个环节都有不同的技术要求，特别是育种、修剪等技术一般果农难以掌握，严重影响果树生产的产量。

4. 果树生产的产销矛盾突出

果树生产受自然条件的影响较大，生产的地域性、季节性和年度差异性十分明显，产品的鲜活性，易腐易烂，消费的普遍性、大量性和均衡性，使其产销矛盾尤为突出，要求果品经营者根据各类果树生产的产销特点、产销规律做好产销协调工作。

5. 果树生产选栽地域范围广

果树是一种适应性广的作物，各类果树可以在不同地形、不同土壤、不同气候、不同海拔高度的广大地域生长和种植，

这就有利于我们充分利用国土资源，从而促进立体农业、山地农业、生态农业、创汇农业和庭院经济的发展。

（二）果树的生产管理

根据果树生产的特点，果树生产应做好以下几方面的工作。

1. 果树生产应以市场为导向，政府加以引导

果树生产要因地制宜，立足本地市场，面向全国，考虑国际、适应内外贸易发展的需要。要选好果树品种，成片开发，形成区域优势，避免一哄而起，盲目扩大栽种面积，重栽轻管等粗放经营现象，做到种一块、管一块、成一块、收效一块。

2. 抓好果树生产主要技术环节的管理工作

果树生产过程包括若干作业环节，各环节作业质量的好坏直接影响果树的产量和质量，特别是一些主要技术环节对果树生产的影响至关重要。为此，必须抓好果树生产主要技术的管理工作，如合理施肥、病虫害防治、合理修剪等都属主要技术，需加强管理。

3. 做好系列配套服务和采取各种优惠政策

为了保证果树生产顺利发展，必须做好各种服务工作和采取多种优惠政策，如做好运销、信息、技术咨询、技术培训、物资供应等方面的服务工作，提供优惠贷款、减免果树生产初期税收政策，使良好的服务和优惠政策有利于促进果树生产的发展。

4. 公、检、法齐抓共管，维护果农的经济利益

有的地方反映偷盗、哄抢果品事件时有发生，严重影响了果树生产者的生产积极性，公、检、法各部门应采取

坚决措施，保护果农的利益。

第二节 畜牧养殖业的生产管理

一、养猪的生产管理

（一）养猪业生产的特点

猪与其他家畜相比，具有成熟早、产仔多、生长快、产肉多等特点。猪属杂食动物，饲料利用范围广，且适应性强。因此，无论群养还是散养，无论集体还是个人、农村还是城市、农区还是牧区、高山还是平原等都可饲养。猪肉是我国肉食供应的主要来源，过去一直占我国肉食消费的90%以上，近年来由于畜牧业生产结构的调整，草食家畜和家禽有较大发展，但猪肉仍然是我国肉类的最重要组成部分。在今后一个相当长的时期内，猪肉仍将是我国肉食消费中的支柱产品。活猪、冻猪肉、猪鬃、猪肠衣等还是我国出口的主要畜产品，在出口创汇和支援经济建设方面起着重要作用。猪粪是农村有机肥料的重要组成部分，是农牧结合的纽带，对促进农业生产和生态的良性循环起着重要作用。

（二）养猪场生产管理

1. 猪群类别的划分

在养猪场中，为了有计划地组织生产和更好地根据各类猪的特点进行饲养管理工作，应对不同年龄、体重、性别和用途的猪划分不同的群。这有利于建立合理的劳动组织，实行科学的饲养管理和编制统计报表。目前养猪生产中将猪群一般划分如下。

（1）哺乳仔猪，指初生到断奶前的仔猪。

（2）断奶仔猪，指断奶后到 70 日龄左右的幼猪。由于猪的品种变化和饲养管理技术与配料的改进，各规模猪场的猪育成阶段，是指 35~70 日龄（即 8~25 千克）的幼猪。

（3）生长育肥猪，指 25~90 千克阶段的肉猪。目前在较大规模、生产水平较高的猪场中，用作商品生产的猪只，母猪不去势，一般采用直线育肥法，生长阶段与育肥阶段难以划分，所以，多称生长育肥猪。但在科研单位，一般以体重大小来区别，25~60 千克阶段称为生长猪，60~90 千克阶段称作育肥猪。

（4）繁殖猪，繁殖猪群包括后备公母猪、鉴定公母猪和成年公母猪（或基础公母猪）。为了不断提高猪群质量，留作种用的猪需经多次鉴定，认为合格者才转入基础群。所以，一般又将繁殖猪较细地分成以下群别：后备猪指从 25 千克起到开始配种以前，暂时选留的公、母猪，公的叫后备公猪，母的叫后备母猪；鉴定公猪是指 8 月龄以后参加过配种，但仍待选择的年轻公猪，鉴定母猪是指已产过 1~2 胎的 1 岁半左右、但仍待选择的年轻母猪；成年公猪是指经过鉴定合格的 1 岁半以上的公猪，成年母猪是指经鉴定合格的 1 岁半以上的母猪；淘汰猪是指失去种用价值的后备或成年公、母猪，因久病不愈或因伤致残的生长肥猪。各类猪群在养猪生产总体活动中具有各种不同的作用。

2. 猪群结构

猪群结构是指各种类别和各种年龄的猪在整个猪群中所占的比例。决定猪场猪群结构的原则是：首先坚持自繁自养，质量可靠又经济；其次应当特别重视选择品质优良的青壮年公母猪作为基本的繁殖猪群，因为繁殖猪群的更新，不是简单地以青壮年猪只代替生产性能较低猪只的过程，而是猪群质量不断提高的过程。提高猪群的生产性能，则是提高产品率和劳动生产率的重要途径。所以我们必须使品质优良的青壮年母猪与公猪在基础群中保持80%~85%的比例。同时还要考虑这些基础猪群的品种应适合当地的需要和自然经济条件。

猪群扩大再生产的规模、速度与繁殖猪群在整个猪群中所占的比重有很大关系，因此，在任何一个猪场内，首先要保证有一个正常的繁殖群，包括公、母猪及后备猪。这3个群在全部猪群中所占比例，应以基础母猪群为基础，因为基础母猪是直接生产者，它的比例大小，决定着猪群的增长速度。至于基础母猪占存栏猪的比例多少，应根据养猪场的生产目的而有所不同。公猪和后备猪占猪群中的比例，取决于基础母猪的头数。因此，在确定这两类猪群的比例时，可以根据它与基础母猪的比例来推算。公猪与基础母猪的比例，在采用自然交配情况下，一般为1：（20~30），如果采用人工授精，公猪数量可大大减少；后备猪为每年应淘汰和补充的基础母猪数的2~3倍，公猪为5~9倍。

3. 猪群的组成和周转

后备猪成熟后（8~9月龄），经配种转为鉴定猪群。公猪经鉴定，生产性能良好的转入基础猪群，不合格者淘汰肥育。鉴定母猪分娩后，根据其产仔情况、哺育情况来确定它是转入基础母猪群中作核心母猪或一般繁殖用，还是淘汰肥育。核心群产的仔猪断乳后，经选择后再转群。基础母猪5岁以后，生产性能降低者淘汰肥育。公猪利用4~5年，做同样处理。

4. 养猪场生产计划的编制

规模较大的综合性养猪场要根据生产任务，确定相应的分娩方式，编制交配分娩计划。

养猪场的分娩方式分为全年陆续分娩和季节性分娩两种，这两种分娩方式各有优缺点，常年分娩有利于猪舍的充分利用，平衡公猪的配种负担，缓和生产的季节性，而季节性分娩可以避开寒暑两季较差的气候条件，提高产仔成活率。同时还可以通过产仔季节的安排，把育肥期安排在青绿饲料充足的季节，以利于育肥猪的生长发育。

（三）提高养猪场经济效益的主要措施

养猪场的主要生产目的是营利，其产品应是低成本、高质量、适合市场需要。为此，要提高养猪场的经营效益，既要制定正确的经营决策，使产品具备市场竞争能力，销路通畅，又要采用先进的科学技术，提高产量，降低成本，同时还要抓好生产过程中的经营管理工作。

1. 科学饲养

猪场为适应自己的生产需求，要讲究科学养猪，如饲养良种猪，饲喂全价配合饲料，实行科学管理，掌握适时屠宰出售，提高瘦肉率，适应消费需要。

2. 适度规模经营

农村养猪场规模的大小与经济效益的高低，并不是任何时候都成正比，只有当生产要素的投入规模与本场经营管理水平相适应，而产品又适销对路时，才能获得最佳经济效益。

3. 掌握市场信息，打开流通渠道

销路不畅，不能按时出售，势必增大饲养成本，减少销售收入。

4. 经营形式灵活多样

一业为主，多种经营有利于发挥养猪场各类劳力和生产设备的作用，有利于各业的调剂，获得综合经营效益。

5. 多层次联合经营

近年来在农村发展产业化过程中，普遍采用“公司+农户”及“联合体经营”的方式，可以汇集生产要素，包括资金、技术、饲料、信息等，发挥各自优势。

二、养牛的生产管理

（一）养牛生产的意义

牛是具有多种用途的大家畜，它既可作为役用、肉用、乳用，为农业生产提供动力，为人民生活提供肉、奶等畜产品，又可为食品工业、制造工业、医药工业等提供肉、奶、皮、毛、内脏、骨、角等原料，还可为种植业提供大量优质有机肥料，从而促进农业生态系统良性循环。牛肉、牛奶、牛皮及其制品，均是国际国内市场上的畅销商品，也是我国出口创汇的重要物质。牛以食草为主，具有耐粗饲、抗病力强、适应性广、死亡率低等特点。在草原牧区养牛几乎不用精料，不与人争粮，是一种成本低、效益好的节粮型畜牧业生产形式。

改革开放以来，随着经济的发展和人民生活水平的提高，人们的膳食结构得到了改善。“肉牛热”随之升温，黄牛改肉牛广泛展开，成效卓著。通过技术推广，引进国外优良种牛，建立了肉牛供种体系和冷冻精液配种体系，使肉牛的配种改良技术广泛用于养牛业生产，工厂化肉牛生产在一些经济发达的农区得到广泛应用。

（二）牛场的生产管理

1. 制订牛群周转计划

牛群中由于死、杀、购、销等原因，在一定时间内，牛群结构发生增减变化，牛群结构的这种增减变化称为牛群周转。牛群周转计划是牛场生产的最主要计划，它直接反映年终牛群结构状况，表明生产任务完成情况。它是编制产品计划的基础，也是制订饲料计划、建筑计划、劳力计划等的依据。依据市场销售计划、生产目标、确定牛群周转方式，实行全进全出制或流水循环制，编制出进出牛的批次、数量和时间，写出书面计划和牛群周转表。

2. 制订牛场饲草料计划

编制饲草料计划时，要根据牛群周转计划，按全年牛群的年饲养日数乘以各种饲料的日消耗定额，然后把牛群需要各种饲草料的总数相加，再增加5%~10%的损耗量，即为全年饲草料的总需要量。

3. 制订产品生产计划

编制乳牛场产奶量计划时，必须掌握以下材料：计划年初泌乳母牛头数和上一年产犊的时间；计划年母牛和后备母牛分娩的头数与时间，各个母牛泌乳曲线（以纵坐标为泌乳量，横坐标为泌乳日期，绘制成坐标图并连接起来，即为一个乳牛泌乳期的泌乳曲线）。

由于乳牛产奶量受多种因素的影响，计算产奶量时按各个母牛分别计算，然后汇总即为全部产奶量。采取分别计算时，要确定每头产奶母牛一个泌乳期的产奶量和泌乳期各不同月份的产奶量。某头母牛一个泌乳期的产奶量是根据该头母牛上一个泌乳期或以前几个泌乳期的产奶量及计划年由于饲养管理条件的变化因素综合考虑后而确定的。泌乳期各不同月份的产奶量是根据该乳牛以前的泌乳曲线，先计算出泌乳期各月产奶量的百分比，然后再乘以泌乳期的产奶量后得到的。第一次产犊母牛的产奶量可根据它们母系的产奶量记录及其父系的特征等进行估算。

4. 制订技术实施方案

技术是影响规模化养殖场生产好坏的关键，技术水平直接影响牛场的经济效益。因此必须重视新技术的引进、吸收、消化和对职工的技术培训，确保本场用最新技术指导生产、促进生产。同时要研究市场需求、竞争对手、市场价格和发展趋势，分析运筹牛群的动态平衡，加速周转，利用市场经济规律搞好产销，提高经济效益。

技术方案应包括职工技术培训计划、各牛舍技术实施要点、技术员工作要点、新技术应用效益检查总结、卫生防疫制度落实措施、定期进行技术经济效果的分析等。

三、养羊的生产管理

（一）养羊业生产的特点

羊是典型的草食家畜，可以提供多种畜产品，是人们衣着、食用物质的重要来源。羊所提供的肉、奶、油、毛、绒、皮等产品越来越成为食品工业和轻纺、皮革工业的重要原料来源。羊属于反刍动物，适应性很强，饲草料利用范围非常广泛，在我国各地都有饲养。

（二）羊场的分群管理与羊群结构

规模较大的羊场，羊群按性别、年龄、用途进行分群：一是便于根据不同羊群的特点进行饲养管理；二是便于掌握羊群中各种羊的变动，以利于科学合理地进行畜群再生产。一般羊群可分为羔羊、后备母羊、成年母羊、后备公羊、种公羊、淘汰育肥羊和去势羯羊等羊群。实行分群饲养，无论从技术上看还是从经济上看都是必要的。羊群的大小受多种因素的影响，其中有羊的品种、年龄、养羊的生产方向以及草原的地形地势、特点、劳动力的多少，经营管理水平的高低等。例如，种羊群一般小于生产群，生产性能高的羊群一般小于生产性能低的羊群；草原地形复杂、植被不良，难以放牧管理的羊群也要小些。羊的分群一般在秋季配种前结合整群进行，整群时将准备淘汰的分出来，然后将该转入各不同羊群的羊只分别转入相应的羊群。

羔羊是指出生后来断奶的小羊，其繁殖成活数的多少与维持羊群再生产有密切关系，因为它是补充各种用途的羊的来源。羔羊的数量多少又与适龄母羊数的多少及繁殖成活率高低有密切关系。羔羊断奶后首先选留够后备公羊和后备母羊，其余作为去势羯羊。后备母羊是用于补充更新成年母羊的，经选种后不符合要求的则去势用于剪毛或育肥，符合要求的交配受孕后即成为成年母羊。成年母羊一般使用 6 年左右，当牙齿脱落或有不易医治的疾病，即可提前淘汰。后备公羊是专门用于补充更新种公羊的，经选种后不符合要求的也要去势用于剪毛或育肥，符合要求的一般在 12~18 月龄成熟后开始使用，一般约使用 5 年，年老后育肥淘汰。

羊群结构是指不同年龄、性别和用途的羊在整个羊群中所占的比重。羊群结构决定于养羊业的生产方向。毛用养羊业主要是为了生产更多的羊毛，一般饲养较多的去势羊，去势羊所占的比例往往较高，而母羊由于产毛量较低，其比例就低些；肉用或肉脂用养羊业，幼羊或去势羊往往育肥至 1 岁左右就屠宰出售，母羊在羊群中的比例就较高，尤其是采用当年羔羊育肥屠宰出售的季节性生产方式，其适龄母羊比例要求更高，一般应在 70%以上；生产羔皮的养羊业，由于羔羊出生两三天或者是 1 个月左右就屠宰取皮，同时很少饲养去势羊，因此，母羊在羊群中的比例也高；种羊场为了获得大量高质量的幼羊供种用或出售，母羊在羊群中的比例也较高；种公羊在羊群中所占比例与所采取的交配分娩方式有密切关系，采用自然交配方法时，一只种公羊在一个交配季节（40 天左右）可交配 50 只左右的母羊，采用人工授精方式，一只种公羊的精液可配 200~1 000 只母羊。除种公羊外，一般养羊场还配备一定数量的试情公羊。应该指出的是，羊群结构的合理程度只是相对的，没有一个绝对统一的结构模式，在不同地区，不同的生产和管理条件及不同的饲养品种和不同的生产方向下，羊群结构都会不一样。

（三）羊群交配分娩计划和周转计划的编制

一般养羊场必须贯彻自繁自养方针，严格控制屠宰优良适龄母羊并严格编制交配分娩计划，力争做到适龄母羊的全配、全怀、全生及所生羔羊的全活、全壮，以扩大后备羊来源。我国养羊业大多集中在草原牧区，草原牧区养羊主要采取放牧饲养和季节性交配分娩方式。分娩季节有冬、春两季，冬季分娩一般在 11—12 月前后，春季分娩一般在 3—4 月。

编制羊群交配分娩计划和周转计划时，必须掌握以下材料：计划年初全场羊群中各类羊的实有只数；去年交配今年分娩的母羊数；计划年生产任务的有关指标；计划确定的母羊受胎率、产羔率和繁殖成活率。

四、养鸡的生产管理

（一）我国养鸡业生产的特点

鸡属杂食性禽类，饲料的利用范围较广，鸡的个体小、生长快、成熟早、繁殖力强；鸡的饲养既可进行小群散养，又能大规模工厂化饲养，和其他家畜相比，鸡的饲料转化率高，据报道，国外先进的养鸡业肉料比已达1：（1.8~2），蛋料比1：2.2左右；养鸡的生产周期短，资金周转快，经济效益高。因此，养鸡在我国广大农村、城市极为普遍，农村几乎是家家户户都养，大中城市和郊区机械化、半机械化大规模养鸡场和城郊农民的专业户养鸡也很普遍。

（二）养鸡场生产管理

1. 编制生产计划

养鸡场，尤其是那些现代化养鸡场，属于资金、技术都较为密集的集约化经营企业，其生产经营的内容也较为复杂。因此，对其生产经营的供、产、销各个环节都必须制订周密而可靠的计划，才能保证生产经营的正常进行。一般来说，规模较大的养鸡场在年度生产经营过程中应制订和执行以下计划。

（1）雏鸡孵化计划。编制孵化计划的目的，在于保证后备鸡、饲养肉仔鸡和出售雏鸡的需要。种鸡场和自繁自养的鸡场都必须有孵化计划。孵化计划主要包括孵化时期、种蛋来源和孵出雏鸡数。

（2）鸡群周转计划。鸡群构成，在自繁自养综合经营的养鸡场中一般分为种公鸡、种母鸡、产蛋母鸡、育成鸡、肉用鸡、雏鸡、成年淘汰鸡。

（3）产品生产计划。养鸡场的产肉计划比较简单，根据周转计划中所能提供肉用鸡数和成年淘汰鸡数，按一定的宰杀重量计算即可。产蛋计划可根据各月平均饲养的产蛋母鸡数和一定的产蛋率计算出各月的产蛋总数。如养鸡场饲养几个不同品种的蛋鸡，则可按不同品种分别制订各月的产蛋计划，然后汇总为全部的产蛋计划。

饲养日产蛋数取决于品种、年龄、季节和饲养条件等因素。在制订产蛋量计划时，饲养日产蛋率是参照过去条件基本相似的历年记录和计划年生产条件的改善情况确定的。

2. 制定饲养管理操作技术规程

根据现行良种鸡饲养的供种厂家提供的技术资料，结合本场的生产条件制定育雏鸡、育成鸡、产蛋鸡饲养管理操作技术规程，便于在生产中对照执行。

3. 生产设备管理

现代化养鸡场具有一定的生产设备，包括大型孵化机、备用发电机、鸡笼、通风换气扇、饲料加工机械、自动喂料系统、清粪机械等设备，要做到有专人管理，经常维护保养，保证生产过程的顺利进行。

4. 养鸡场的安全生产及兽医卫生防疫制度的贯彻落实

养鸡场安全生产的第一位是落实兽医卫生防疫，保证家禽的健康才能完成生产指标。一般各养鸡场都有一套完整的卫生防疫制度，如何贯彻落实，是关系到养鸡场生存的头等大事，管理人员要有高度的责任感，树立“预防为主，防重于治”的思想。

5. 生产统计分析

养鸡场年度计划的完成，在于科学地、严密地组织年内的生产过程和各项作业，经常核算收支情况。为此，必须做好各项生产记录和月统计报表，主要有育雏记录、产蛋鸡记录、饲料消耗记录、鸡群收支月报表等。养鸡场在年度生产中要对每一品种的鸡制定出成活率、产蛋率、活重和饲料消耗等多项指标，用生产记录和所定指标做比较，检查其是否达到并分析查明原因，及时发现问题，迅速采取对策。如决定鸡群选留、淘汰和更换、扩大或缩小，还是保持现有生产规模，及时改进有关技术，改善操作管理，以便降低成本，减少损失，增加鸡场的经济收益。

（三）提高养鸡场经济效益的主要途径

1. 建立健全各种生产责任制，做好养鸡场的劳动管理

劳动支出是养鸡场生产费用中占比例较大的一部分，要培养一支特别能吃苦和工作责任心强的职工队伍，改善生产条件，不断提高劳动生产力水平，增加从业人员的收入。

2. 努力降低饲料消耗，不断提高饲料报酬

在一般养鸡场，饲料费用占成本的60%~70%。因此，养鸡场能否降低饲料消耗，不断提高饲料报酬成为其能否盈利的关键。养鸡场不仅要解决饲料来源和保证不断供应问题，还必须重视饲料费用的节约。有条件时最好自己加工生产配合饲料，根据当地原料价格的变化，不断调整饲料配方，以降低饲料成本。在节约饲料方面应尽量减少饲养环节的浪费，选择和培育生长快、饲料报酬高的优良鸡种。

3. 加强卫生防疫，尽量减少死亡

任何一个养鸡场，鸡的死亡率高低是经营成败的关键。在生产的各个环节上采取切实有效的具体措施，严格防止各种传染病的发生，尽量减少鸡常见病的发病率，降低死亡就是增加效益。

4. 采用新技术，提高生产水平

我国工厂化养鸡起步晚，但发展速度快，总产量增长迅速。由于技术水平和健康不良等综合因素，每只鸡单产、饲料消耗、死淘率等主要生产水平都较低，一些指标与国际水平差距较大，具有很大的生产潜力，目前提高生产性能仍要

从常规实用技术和管理上下功夫。

5. 实行一体化经营

现代化养鸡生产分为如下几个环节：种鸡、孵化、饲料生产、商品肉鸡生产、商品蛋鸡生产、肉鸡屠宰加工和深加工、蛋粉加工、产品销售，一个大的养鸡场这几个环节都在场长领导之下，执行统一计划，统一核算，称作一体化经营。大而全是现代化养鸡生产一体化经营发展的必然趋势，小而全在我国现阶段生产也很重要，可以协调各生产环节的利益分配，保证主产品的质量稳定，占领一定的市场。

6. 强化经营管理

养鸡场的管理问题遍及整个供应、生产、销售的全过程，在每一个生产环节都必须注重管理，健全各种定额，各种责任制和各种规章制度，使养鸡场的管理规范化、制度化与科学化，这是保证养鸡场提高经济效益必不可少的。

第三节 渔业的生产管理

一、渔业生产的特点

渔业的生产经营同种植业、畜牧业相比，有着自己的特点和要求，在渔场的经营管理中应注意体现出来。

（一）渔业生产以水域为依托

非耕地的水域是渔业生产的基本生产资料，不同的水生动植物能在不同层次的水域中生长栖息，因此水域可以立体利用。所以渔业养殖要实行分层投苗、混养、密养；海洋捕捞也要充分合理地利用各水层的渔业资源。

（二）渔业生产的流动性强

近海和江湖的许多鱼、虾、蟹有索食、生殖和越冬的洄游移动规律，因而捕捞生产要适应渔场的变化，及时移动作业场地，以提高渔获量和渔业经济效益。

（三）养鱼耗能量低，饲料转化率高

鱼类在自身的繁殖和新陈代谢过程中，消耗的能量较少，其物质和能量的转化率超过家禽、家畜。如产 1 千克鱼肉、鸡肉和猪肉所需要的配合饲料，分别为 1.3~1.5 千克、2.6~2.8 千克和 3 千克以上。因而经营渔业能使企业获得较多的利润。

（四）大量的水产资源具有共有性

海洋及内陆较大的水域为国家所有，公海为国际公有，水产品则归各个国家和各个生产单位所有。内陆的江河湖泊及近海水域，分属不同行政单位管辖，而渔业生产却往往跨行政区域进行。这就给渔政管理带来一定的复杂性。水产资源是有限的，要求合理利用和保护，禁止过度捕捞。

二、渔业生产的组织与管理

（一）淡水渔业生产的组织

各地渔场一般实行水、种、饵、混、密、轮、防、管八字精养法。水、种、饵是精养的物质基础，混、密、轮是实行精养的技术措施，防和管则是获得精养效益的保证。这些环节互为条件、相互制约，要很好地组合，使之配置得当。

根据许多渔场的实践经验，就占放养比重最大的池塘养鱼来看，对渔业生产过程的组织有着严格的要求。

1. 精养鱼池的要求

主要是面积适中，一般为6 666.67m^{2}左右；池水较深，一般在2.5米左右；有良好的河湖水源，注水、排水方便；池形整齐（呈东西长而南北宽的长方形）、堤埂较高（大水不淹）、较宽（面宽至少2米，种植饵料作物）。如鱼池达不到上述要求，就要加以改造，以利精养高产高效。

2. 鱼类合理混养的类型

在池塘中进行多种鱼类、多种规格的混养，可以全面合理经济地利用水体和饵料，发挥养殖鱼类的互利作用，既能使食用鱼高产，均衡供应市场，满足消费者的不同需要；又能取得渔场生产所需大规格鱼种，获得高产高效。高产渔场大都有7～10种鱼混养在同一池塘，而且每种鱼有3种以上的规格。但不能随意投放鱼种，不合理混养；要根据鱼类的生物学特征，池塘生产条件，养殖技术与管理水平，以及历史习惯等，合理确定混养类型，适当安排主养鱼类和配养鱼类。如肥料充裕，可以鲢鱼、鳙鱼、鲮鱼、罗非鱼等为主养鱼；草类资源丰富，可以草鱼或草鱼和鲢鱼，草鱼及团头鲂为主养鱼；螺、贝类资源较多，可以青鱼或青鱼及鲤鱼为主养鱼；商品饵料充足，可以青鱼或草鱼及鲤鱼为主养鱼。

3. 合理放养密度的确定

合理放养密度是指在能养成商品规格食用鱼或预期大小的鱼种前提下，能够达到最高鱼产量的放养密度。它取决于下列因素：池塘条件，达到前述精养要求的，放养密度可适当增加，否则，放养密度就要减少；混养多种鱼类的池塘，放养量可大些，单养一种鱼类或混养种类少的池塘，放养量则相对要小些，放养的鱼种个体较大，放养尾数应较少而放养重量应较大，否则反之；饵料充足，管理精细，养鱼经验丰富，技术较高，设备较好（如有增氧机和水泵等），可以增加放养量，否则相应少放养，往年的不同放养量、产量和产品规格等，也应作为重要参考依据。

4. 轮捕轮放方法

轮捕轮放是分期捕鱼和适当补放鱼种，以提高单位面积产量、产值。轮捕轮放与混养密养互为条件，其具体方法：一是捕大留小，即一次投放和饲养不同规格或相同规格的鱼种，分期捕出达到食用规格的鱼，较小的鱼则留池继续饲养，不再补放鱼种；二是捕大补小，即分批捕出食用鱼之时，补放鱼种或鱼苗，以养成食用鱼或大规格鱼种。在食用鱼池套养鱼种，能较好地解决食用鱼高产和大规格鱼种供应不足的矛盾。如按重量计算，年终由食用鱼池套养出的鱼种，要大于年初放养的鱼种重量。这就能使渔场做到鱼种自给，并可压缩鱼种池面积，扩大食用鱼养殖面积。

5. 放养鱼种的时间

长江流域一般在春节前放养完毕。华南地区更有条件提早放养。华北及东北的放养时间，一般在融冰以后，水温稳定在5~6℃时进行。在水温较低的季节放养，便于捕捞放养操作。因为这时鱼类活动力弱，不易伤亡。而且早放养可以早开食，获高产。冬季放养鱼种要选在天晴日暖时进行。

6. 放养鱼种的规格

一般宜大不宜小。大规格鱼种成活率高，成长快，是增产的重要条件。不同鱼类、不同地区和不同的饲养方法，对鱼种规格的要求各有区别。

（二）淡水鱼的饲养管理

在高密度混养的池塘里，要使塘鱼正常生长发育，并获得高产，必须投放人工饵料和施肥。

1. 投饵

投放饵料要新鲜、多样化，经常更换种类，还要尽量做到按鱼的食欲投饵。池塘养殖的一般鱼类，在水温10℃左右开始吃食，10℃以下停食。要早投食，迟停食。各渔场要广辟饵料来源，并且合理配料，定时定量投放饵料。

2. 施肥

施肥可以使水变肥，繁殖浮游生物等，增加鱼类不可缺少的天然饵料。鱼池主要施有机肥、混合肥，如各种粪便和草肥等。施肥要适时适量。瘦水池塘及新建池塘，应在冬末早春，水温4~5℃时施基肥，施肥量视水质的肥瘦而定。之后还要施追肥，追肥时间和数量以保持水色呈嫩绿色或棕褐色为宜。

3. 加强管理

一切养鱼措施都要通过有效的管理，才能发挥作用。精养鱼塘必须由渔场确定专人负责，建立岗位责任制，加强日常管理，保证鱼类安全。

第七章 农产品质量管理

第一节　农产品质量安全管理

一、农产品质量安全的概念、特点

（一）农产品质量安全的概念

按照《中华人民共和国农产品质量安全法》（以下简称《农产品质量安全法》）的定义，农产品质量安全是指农产品的质量符合保障人的健康、安全的要求，即食用农产品中不应包含可能损害或威胁人体健康的有毒、有害物质或不安全因素，不可导致消费者急性、慢性中毒或感染疾病，不能产生危及消费者及其后代健康的隐患。农产品质量安全有狭义和广义之分，狭义的农产品安全仅仅指农产品对消费者本人的健康而言，而广义的农产品安全还应包括对后代、环境等方面的影响。目前人们对农产品质量安全的要求是广义的要求，所以，农产品质量安全就意味着在农产品的产地、生产过程、贮藏、运输、加工和销售等各个环节中，各种有毒有害物质都要得到控制，农产品本身和生产方式都不能给消费者本人、其后代和环境带来危害和损失。

正因如此，农产品质量安全包括 4 个基本要素：①安全。即农产品对人、动物、环境是安全的，不构成任何威胁或负面影响。②优质。这是农产品生产的目的、价值的体现、消费的动力。③营养。主要针对人的消费，不同的人群、不同的发展阶段和消费习惯，有不同的营养需求。④健康。指农产品被食用后能维护生命活力、身体机能等。

（二）农产品质量安全的特点

1. 隐蔽性

农产品质量安全的隐蔽性是指农产品中的不安全因素对人的危害在多数情况下表现为慢性，在不知不觉中影响人体的健康，不容易被人注意；同时，在大多数情况下人们难以通过感觉发现农产品是否安全，必须借助仪器设备并由专业人员才能对其安全性做出评价。

2. 对标志的依赖性

对一般消费者而言，判断农产品质量是否安全，往往依赖于所谓的标准或标志。换句话说，食用的农产品质量是否安全在当下只能借助标志来做出判断；标志是农产品安全性的一种表现形式，也是生产者或销售者做出的具有法律意义的承诺。

3. 相对性

农产品质量安全的相对性是指农产品中有害物质的种类和含量、农产品安全评价标准以及安全对象的相对性。目前还找不到绝对不含有任何有害物质的农产品，只是含量极少，目前的技术水平检验不出；或者有害物质的含量对大部分人构不成可觉察或可检测出的危害。

4. 后果的严重性

在日常生活中，农产品中的不安全因素不容易被人们直接觉察，一旦发生农产品质量安全问题，往往会导致严重后果。况且，随着农产品物流和跨境贸易的发展，这种负面影响可能是全国性的，甚至是全世界的，而且越是大宗农产品，危害的严重性越高。

二、农产品质量安全管理的特点

农产品质量安全是指食品中不应包含有可能损害或威胁人体健康的有毒、有害物质或不安全因素，不可导致消费者急性、慢性中毒或感染疾病，不能产生危及消费者及后代健康的隐患。在具体表现形式上，法制化管理是农产品质量安全管理的重点，并突显科学管理、规范生产、市场准入、法定责任、救助和全程六大特点。

（一）科学管理

遵循国际通行的农产品质量安全管理理论即风险评估与全程追溯理论，国务院农业行政主管部门设立由有关方面专家组成的农产品质量安全风险评估专家委员会，对可能影响农产品质量安全的潜在危害进行风险分析和评估。国务院农业行政主管部门根据农产品质量安全风险评估结果采取相应的管理措施，并将农产品质量安全风险评估结果及时通报国务院有关部门；充分考虑农产品质量安全风险评估结果，并听取农产品生产者、销售者和消费者的意见，制定农产品质量安全标准，保障消费安全；县级以上人民政府农业行政主管部门在农产品质量安全监督管理中，若发现有不符合《农产品质量安全法》第三十三条规定的农产品，应当按照农产品质量安全责任追究制度的要求，查明责任人，依法予以处理或者提出处理建议。

（二）规范生产

明确了农产品标准化生产、规范化管理规定。国家引导、推广农产品标准化生产，鼓励和支持生产优质农产品，禁止生产、销售不符合国家规定的农产品质量安全标准的农产品；禁止在有毒有害物质超过规定标准的区域生产、捕捞、采集食用农产品和建立农产品生产基地；禁止违反法律、法规的规定向农产品产地排放或者倾倒废水、废气、固体废物或者其他有毒有害物质。农业生产用水和用作肥料的固体废物，应当符合国家规定的标准；农产品在包装、保鲜、贮存、运输中使用的保鲜剂、防腐剂、添加剂等材料，应当符合国家有关强制性的技术规范。

（三）市场准入

设置了上市销售农产品具体的市场准入条件。不符合农产品质量安全标准的农产品，不得上市销售。

（四）法定责任

明确规定了农产品生产者、销售者、技术机构和管理者的法定责任。

（五）救助

使公众和被监管对象有了反映问题、陈述理由的公共信息传递平台和通道。《农产品质量安全法》明确规定：农产品生产者、销售者对监督抽查检测结果有异议的，可以自收到检测结果之日起五日内，向组织实施农产品质量安全监督抽查的农业行政主管部门或者其上级农业行政主管部门申请复检。因检测结果错误给当事人造成损害的，依法承担赔偿责任。国家鼓励单位和个人对农产品质量安全进行社会监督。任何单位和个人都有权对农产品质量安全违法行为进行检举、揭发和控告。生产、销售违反《农产品质量安全法》第三十三条规定的农产品给消费者造成损害的，农产品生产者、销售者依法承担赔偿责任。在农产品批发市场中销售违反《农产品质量安全法》第三十三条规定农产品的，消费者可以直接向农产品批发市场要求赔偿；属于农产品生产者、销售者责任的，农产品批发市场有权追偿。消费者也可以直接向农产品生产者、销售者要求赔偿。

（六）全　程

对农产品实施生产、流通环节全程质量安全监管。国家建立统一的农产品质量安全监测制度，县级以上人民政府农业行政主管部门按照保障农产品质量安全要求，统一负责制订并组织实施农产品质量安全监测计划，对生产中或者市场上销售的农产品进行监督抽查。同时规定监督抽查结果由国务院农业行政主管部门或者省、自治区、直辖市人民政府农业行政主管部门按照权限予以公布，监督抽查检测应当委托符合《农产品质量安全法》第三十五条规定条件的农产品质量安全检测机构进行，不向被抽查人收取费用，抽取的样品不得超过国务院农业行政主管部门规定的数量。而且同时规定，凡上级农业行政主管部门监督抽查过的农产品，下级农业行政主管部门不得另行重复抽查。县级以上人民政府农业行政主管部门在农产品质量安全监督检查中，可以对生产、销售的农产品进行现场检查，调查了解农产品质量安全的有关情况，查阅、复制与农产品质量安全有关的记录和其他资料；对经检测不符合农产品质量安全标准的农产品，有权查封、扣押。

三、农产品质量安全管理责任

《农产品质量安全法》明确规定了农产品生产者、销售者、技术机构和管理者的法定责任。

（一）农产品生产者

要合理使用化肥、农药、兽药、农用薄膜等化工产品，防止对农产品产地造成污染；要按照法律、行政法规和国务院农业行政主管部门的规定，合理使用农业投入品，严格执行农业投入品使用安全间隔期或者休药期的规定，防止危及农产品质量安全。禁止在农产品生产过程中使用国家明令禁止使用的农业投入品；销售的农产品必须符合农产品质量安全标准，鼓励申请使用无公害农产品质量标志。禁止冒用农产品质量标志；对农产品生产经营主体和农民专业合作经济组织而言，要求在生产过程中应当建立农产品生产记录，如实记载使用农业投入品的名称、来源、用法、用量和使用、停用的日期，动物疫病、植物病虫草害的发生和防治情况，收获、屠宰或者捕捞的日期。

（二）农产品销售者

农产品生产经营主体、农民专业合作经济组织以及从事农产品收购的单位或者个人销售的农产品，按照规定应当包装或者附加标识的，须经包装或者附加标识后方可销售。包装物或者标识上应当按照规定标明产品的品名、产地、生产者、生产日期、保质期、产品质量等级等内容；使用添加剂的，还应当按照规定标明添加剂的名称。农产品批发市场，应当设立或者委托农产品质量安全检测机构，对进场销售的农产品质量安全状况进行抽查检测；发现不符合农产品质量安全标准的，应当要求销售者立即停止销售，并向农业行政主管部门报告。农产品销售经营主体，销售的农产品应当建立健全进货检查验收制度，经查验不符合农产品质量安全标准的不得销售。

（三）农业技术机构

农业科研教育机构和农业技术推广机构应当加强对农产

品生产者质量安全知识和技能的培训；农民专业合作经济组织和农产品行业协会对其成员应当及时提供生产技术服务，建立农产品质量安全管理制度，健全农产品质量安全控制体系，加强自律管理；农产品质量安全检测应当充分利用现有的符合条件的检测机构。从事农产品质量安全检测的机构，必须具备相应的检测条件和能力，由省级以上人民政府农业行政主管部门或者其授权的部门考核合格。农产品质量安全检测机构应当依法经计量认证合格。

（四）农产品质量安全管理者

县级以上人民政府，应当将农产品质量安全管理工作纳入本级国民经济和社会发展规划，并安排农产品质量安全经费，用于开展农产品质量安全工作；同时应当采取措施加强农产品基地建设，改善农产品的生产条件，推进保障农产品质量安全的标准化生产综合示范区、示范农场、养殖小区和无规定动植物疫病区的建设。各级人民政府及有关部门，应当加强农产品质量安全知识的宣传，提高公众的农产品质量安全意识，引导农产品生产者、销售者加强质量安全管理，保障农产品消费安全；县级以上地方人民政府，统一领导、协调本行政区域内的农产品质量安全工作，并采取措施，建立健全农产品质量安全服务体系，提高农产品质量安全水平。

四、《农产品质量安全法》相关规定

（一）对农产品产地管理规定

禁止违反法律、法规的规定向农产品产地排放或者倾倒废水、废气、固体废物或者其他有毒有害物质；禁止在有毒有害物质超过规定标准的区域生产、捕捞、采集农产品和建立农产品生产基地。县级以上地方政府农业主管部门按照保障农产品质量安全的要求，根据农产品品种特性和生产区域大气、土壤、水体中有毒有害物质状况等因素，认为不适宜特定农产品生产的，应当提出禁止生产的区域，报本级政府批准后公布执行。

（二）对生产过程中保障质量安全的规定

依照规定合理使用农业投入品，依照规定建立农产品生产记录，对其生产的农产品的质量安全状况进行检测。

（三）对农产品的包装、标识的规定

对国务院农业主管部门规定在销售时应当包装和附加标识的农产品，农产品生产经营主体、农民专业合作经济组织以及从事农产品收购的单位或者个人，应当按照规定包装或者附加标识后方可销售。属于农业转基因生物的农产品，应当按照农业转基因生物安全管理的规定进行标识。依法需要实施检疫的动植物及其产品，应当附具检疫合格的标志、证明。

（四）对不符合农产品质量安全标准的处罚规定

责令停止销售，进行无害化处理或予以监督销毁；对责任者依法给予没收违法所得、罚款等行政处罚；对构成犯罪的，由司法机关依法追究刑事责任。

加强农产品质量安全管理，离不开健全的农业质量安全管理体系。要在农产品生产过程中贯彻质量检测体系、产品认证体系和质量监督体系的要求，推进农产品标准化生产。要把农业标准化贯穿于农业生产的全过程，切实加大对农产品的监督、检测力度，严格技术规程，严格化肥、农药、兽药、饲料添加剂的使用，防止和减少有毒、有害物质对农产

品感染和对环境的污染。严格农产品加工、包装、保鲜的清洁生产，防止对农产品的二次感染，促使农产品生产向无公害产品、绿色食品、有机食品方向发展。

第二节　农产品质量安全追溯

可追溯性标签记载了农产品的可读性标识，通过标签中的编码可方便地到农产品数据库中查找有关农产品的详细信息。通过可追溯性标签也可帮助企业确定产品的流向，便于对产品进行追踪和管理。

一、电子式追溯管理

电子式追溯管理是以电子化信息为手段、检测合格为控制点、追溯码贯穿始终的农产品质量安全追溯管理体系，实现农产品质量电子信息的正向监控与逆向追溯，这也是具有杭州特色的追溯管理体系的重要组成部分。这种方法适用于散装的农产品，如蔬菜、水果、水产品、畜产品和茶叶等，可采用二维码（一维码）信息进行追溯，也可采用芯片信息进行追溯。

采用二维码（一维码）信息进行追溯，各地有不同的软件设计和应用，消费者可以利用自己的手机或 ATM 机或计算机查询。可分为 3 种类型：采用计算机跟踪追溯、采用耳标信息追溯和采用防伪标志进行追溯。

二、书写式追溯管理

利用纸质材料，用手工书写的方式传递产品信息，实现可追溯。这种方法是在没有电脑或电子信息系统的情况下使用，其优点是简便，缺点是纸质材料易破损甚至字迹不清。

首先，实行产地证明制度。产品出场有产地证明，写明业主、产地、产品合格性、出品时间、销售去向等可追溯信息。一般情况下，产地准出证明由生产者出具。

在此基础上，实行“一票通”管理。产品进入市场后，经营者按产地证明信息书写“三联单”，产品在流通过程中，“三联单”跟随，直到消费者。实现追溯管理的基础是生产领域控制好农产品质量安全信息。

三、包装式追溯管理

包装式追溯是指具有追溯功能的包装，即对每一个产品的外包装进行标记，且每一个产品标识都是唯一的，使标记和被追溯对象有一一对应关系，使用包装式追溯具有以下优点。

一是可追溯性包装能够识别直接供方的进料和终产品的分销途径。

二是可追溯性包装具有唯一标识，其产品的个体和批次标识都具有唯一性。

三是通过可追溯性包装上的标识，可以了解到产品或者厂家相关信息，如地址、联系电话等。

四是企业可以通过可追溯性包装来加强对分销商的控制，有利于防伪防窜货。

四、农产品质量安全的追溯管理要求

（一）生产环节的控制要求

1. 投入品记录

农产品生产过程的苗种、饲料、肥料、药物等投入品，在进货时，应收集进货票据，并进行登记。

2. 生产者建档

农产品生产者按“一场一档”的要求建立生产者档案。农业生产的管理部门应建立农产品生产基地和企业的档案，进行信息登记，并向登记的生产者发放“农产品产地标识卡”，包括唯一性编号、基地名称或代号等信息。

3. 生产过程记录

种植过程记录包括种植的产品名称、数量、生产起始的时间、使用农药化肥的记录、产品检测记录。养殖过程记录包括养殖种类和品种、饲料和饲料添加剂、兽（鱼）药、防疫、病死情况、出场（栏）日期、各类检测等记录。

4. 销售记录

农产品从生产进入流通领域时，农产品生产者应做好销售记录，包括销售产品的名称、数量、日期、销售去向、相关质量状况等内容。

（二）从生产进入流通的对接要求

生产领域的农产品进入流通领域时，应向流通领域提供相关农产品产地标识卡、产地证明或质量合格证明等；交易时应向采购方提供交易信息票据，包括品名、数量、交易日期、供应者登记号等信息。

（三）农产品质量安全追溯管理各相关方职责

农产品生产企业是生产领域质量安全追溯管理第一责任人，进行生产质量安全的控制、农产品溯源台账的建立和管理等工作；农产品生产的管理部门负责组织生产领域农产品质量安全相关的培训、宣传；建立生产基地台账，发放相关产品产地标识。

（四）实行严格的产品质量控制制度

一是农产品出场时，生产者应进行农药残留或感官的自检。农业管理部门按监督检测制度实施农产品的抽查、检测，并公布检测结果。

二是生产者发现产品不合格时，应及时采取措施，不得将不合格产品流通销售。当销售到流通环节的农产品被确认有安全问题时，生产者应做好追溯、召回工作。

三是农业生产的管理部门应督促进行质量安全的追溯，当不合格农产品已进入流通领域，要求生产企业召回不合格产品时，可按溯源流程进行不合格产品的追溯。

第三节 农产品质量认证

质量认证是国际上对质量管理的一个通行手段，即通常所说的产品认证和 ISO9000 标准认证。质量认证不仅是一种先进的管理方式，同时也是政府部门为提高本国产品质量而采用的一项有效管理措施。通过质量认证，转变发展方式，促进提质增效，实现品质生活。

一、农产品产品认证

农产品质量认证始于 20 世纪初美国开展的农作物种子认证，并以有机食品认证为代表。到 20 世纪中叶，随着食品生产传统方式的逐步退出和工业化比例的增加，国际贸易的日益发展，食品安全风险程度的增加，许多国家引入“从农田到餐桌”的过程管理理念，把农产品认证作为确保农产品质量安全和同时能降低政府管理成本的有效政策措施。于是，出现了HACCP（食品安全管理体系）、GMP（良好生产规范）等多种农产品认证形式。

我国农产品认证始于20世纪90年代初农业部实施的绿色食品认证。2001年，农业部提出了无公害农产品的概念，并组织实施“无公害食品行动计划”，各地自行制定标准开展了当地的无公害农产品认证。在此基础上，2003年实现了“统一标准、统一标志、统一程序、统一管理、统一监督”的全国统一的无公害农产品认证。20世纪90年代后期，国内一些机构引入国外有机食品标准，实施了有机食品认证。另外，我国还在种植业产品生产中推行GAP（良好农业操作规范）和在畜牧业产品、水产品生产加工中实施HACCP（食品安全管理体系）认证。当前，我国基本上形成了以产品认证为重点、体系认证为补充的农产品认证体系。

（一）绿色食品认证

1. 绿色食品的概念与特征

绿色食品是遵循可持续发展原则，按照特定生产方式生产，经专门机构认证，许可使用绿色食品标志的无污染、无公害、安全、优质、营养类食品。与环境保护有关的事物国际上通常都冠之以“绿色”，为了更加突出这类食品出自良好生态环境，便定名为绿色食品。绿色食品一般具备4个条件：①产品或产品原料产地必须符合绿色食品生态环境质量标准；②农作物种植、畜禽饲养、水产养殖及食品加工必须符合绿色食品的生产操作规程；③产品必须符合绿色食品质量和卫生标准；④产品外包装必须符合国家食品标签通用标准，符合绿色食品特定的包装、装潢和标签规定。

正因如此，绿色食品与普通食品相比具有3个显著特点：

一是强调产品出自良好生态环境；二是对产品实行“从田间到餐桌”全程质量控制；三是对产品依法实行统一标志与管理。

2. 绿色食品申报程序

凡具有绿色食品生产条件的单位和个人，出于自愿申请使用绿色食品标志使用权的申请人，申请程序如下。

（1）申请人向所在省、自治区、直辖市绿色食品办公室领取申请表格及有关资料。

（2）申请人按要求填写《绿色食品标志使用申请书（一式两份）》《经营主体生产情况调查表》，并连同有关资料一并报省（区、市）绿色食品办公室（以下简称绿办）。

（3）由省（区、市）绿办委派至少两名绿色食品标志专职管理人员赴申报企业及其原料产地进行实地调查，考察后写出正式报告。

（4）由省（区、市）绿办委托有关环境评价单位（通过省级以上计量认证）赴申报企业进行农业环境质量调查与评价。

（5）以上材料由省（区、市）绿办初审后报送中国绿色食品发展中心审核。

（6）中国绿色食品发展中心审核材料后，下达一审结果。一审结果有3种情况：若申报材料不符合要求，则下达一审意见，企业收到一审意见后应在两个月内对有关问题做出如实答复；若材料中有违反原则性的问题，则不予通过，且当年不再受理该企业的申报；若材料合格，即下抽样单，绿办据此按有关规定进行抽样，抽样后送到指定食品检测部门进行检测。

（7）食品质检部门将检测报告直接寄往中国绿色食品发

展中心（以下简称中心），中心对此报告进行终审，合格即通知企业办理有关手续，不合格者，当年不再受理其申请。

（8）中心对上述合格产品进行编号，并颁发绿色食品标志使用证书。

（9）绿色食品标志使用证书有效期为3年。在此期间，绿色食品生产企业必须接受中心、绿办或中心委托的监测机构对其产品进行抽检及年检，并履行《绿色食品标志使用协议》。期满后若欲继续使用绿色食品标志，必须于期满前3个月办理重新申请手续。

（二）有机食品认证

1. 有机食品的概念

有机食品是根据有机食品种植标准和生产加工技术规范生产的、经过有机食品颁证组织认证并颁发证书的一切食品和农产品。国家环保总局（即现生态环境部）有机食品发展中心（OFDC）认证标准中关于有机食品的定义是：来自有机农业生产体系，根据有机认证标准生产、加工并经独立的有机食品认证机构认证的农产品及其加工品等。有机食品与无公害食品和绿色食品最显著的差别是：有机食品在生产和加工过程中绝对禁止使用农药、化肥、除草剂、合成色素、激素等人工合成物质；而无公害食品和绿色食品则允许有限制地使用上述物质。因此，有机食品的生产要比其他食品难得多，需要建立全新的生产体系，采用相应的替代技术。

2. 有机食品认证程序

（1）申请。

①申请人向农业农村部中绿华夏有机食品认证中心（COFCC）或OFDC提出正式申请，领取《有机食品认证申请

表》《有机食品认证调查表》《有机食品认证书面资料清单》《有机食品生产技术准则》等文件。②申请人填写《有机食品认证申请表》和《有机食品认证调查表》，并准备《有机食品认证书面资料清单》中要求提供的文件。③申请人按《有机食品生产技术准则》的要求，建立本经营主体的质量管理体系、生产操作规程和质量信息追踪体系。

(2) 预审、审查并制订初步检查计划。

①分中心对申请人材料进行预审。预审合格，分中心将有关材料复制给认证中心。②认证中心根据分中心提供的项目情况，估算检查时间（一般需要两次检查：生产过程1次、加工1次）。③认证中心根据检查时间和认证收费管理细则，制订初步检查计划、估算认证费用。④认证中心向申请者寄发《受理通知书》《有机食品认证检查合同》，同时通知分中心。⑤分中心对申请者材料进行初审，对申请者进行综合审查；分中心将审核意见和申请人的全部材料复制给认证中心；认证中心审查并做出“何时”进行检查的决定；若审查不合格，认证中心通知申请人且当年不再受理其申请。

(3) 签订有机食品认证检查合同。

①申请人确认《受理通知书》后，与认证中心签订《有机食品认证检查合同》。②根据《有机食品认证检查合同》的要求，申请人交纳相关费用的50%，以保证认证前期工作的正常开展。③申请人指定内部检查员（生产、加工各1人）配合认证工作，并进一步准备相关材料。④所有材料均使用书面文件和电子文件各1份，复制给分中心。

(4) 实地检查评估。

①全部材料审查合格以后，认证中心派出有资质的检查

员进行实地检查；检查员取得申请人相关资料后依据《有机食品认证技术准则》的要求，对申请人的质量管理体系、生产过程控制体系、追踪体系以及产地、生产、加工、仓储、运输、贸易等进行实地检查评估。②必要时，检查员需对土壤、产品抽样，由申请人将样品送达指定的质检机构检测。

(5) 编写检查报告。

①检查员完成检查后，按认证中心要求编写检查报告。②检查员在检查完成后两周内将检查报告送达认证中心。

(6) 综合审查评估意见。

①认证中心根据申请人提供的申请表、调查表等相关材料以及检查员的检查报告和样品检验报告等进行综合审查评估，填写颁证评估表，提出评估意见。②认证中心将评估意见报颁证委员会审议。

(7) 颁证决议。颁证委员会定期召开颁证委员会工作会议，对申请人的基本情况调查表、检查员的检查报告和认证中心的评估意见等材料进行全面审查，做出同意颁证、有条件颁证、有机转换颁证或拒绝颁证的决定。证书有效期为1年。

①同意颁证。申请内容完全符合有机食品标准，颁发有机食品证书。②有条件颁证。申请内容基本符合有机食品标准，但某些方面尚需改进，在申请人书面承诺按要求进行改进以后，也可颁发有机食品证书。③有机转换颁证。申请人的基地进入转换期1年以上，并继续实施有机转换计划，颁发有机转换基地证书。从有机转换基地收获的产品，按“转换期有机食品”销售。④拒绝颁证。申请内容达不到有机食品标准要求，颁证委员会拒绝颁证，并说明理由。

(8) 颁证。根据颁证决议和《有机食品标志使用管理规则》的要求，签订《有机食品标志使用许可合同》，并办理有机食品标志的使用手续，颁发有机食品证书。按照国际惯例，有机食品标志认证 1 次有效期为 1 年。1 年期满后可申请“保持认证”，审核合格后可继续使用证书。绿色食品未来必将成为农产品认证的主体，应继续扩大比例，引导其向公益性方向发展；有机食品在我国受资源约束不能成为认证主导，但应鼓励有条件的地方大力发展。

二、体系认证

（一）良好农业规范认证

1. 良好农业规范认证概述

良好农业规范是一套主要针对初级农产品生产的操作规范，强化农业生产者的经营管理行为，实现对种植、养殖全过程控制，从源头上控制农产品质量安全的农业规范。1997 年，欧洲零售商农产品工作组在零售商的倡导下，提出了“良好农业规范”（简称 GAP）。GAP 主要通过规范种植/养殖、采收、清洗、包装、储藏和运输过程管理，鼓励减少农用化学品和药品的使用，来实现保障初级农产品质量安全、可持续发展、环境保护、员工健康安全以及动物福利等目标。GAP 对农业生产活动中每一个细节的要求都制定了详细的标准，如在水果、蔬菜生产过程中，从土地的准备、种子的选择到播种、病虫害防治、收获、清洗、包装、运输，几乎每一道工序都列出了明确的控制点，包含了“从农田到餐桌”的整个食品链的所有步骤。

2003 年 4 月，国家认证认可监督管理委员会（以下简称国家认证委）首次提出在我国食品链源头建立“良好农业规范体系”，并于 2004 年启动了中国 GAP 标准的编写和制定工作。中国 GAP 标准起草主要参照欧洲 GAP 标准控制条款，并结合中国国情和法规要求编写而成。目前，我国有 15 家认证机构经国家认证委批准开展 GAP 认证业务。中国良好农业规范认证图标见图 7-1。

一级认证标志　　二级认证标志

图 7-1　中国良好农业规范认证

中国 GAP 认证分为两个级别的认证：一级认证要求符合适用良好农业规范相关技术规范中所有适用一级控制点的要求，并且至少符合所有适用良好农业规范相关技术规范中适用的二级控制点总数 95% 的要求，不设定三级控制点的最低符合百分比；二级认证要求所有产品应至少符合所有适用模块中适用的一级控制点总数的 95% 的要求，不设定二级控制点、三级控制点的最低符合百分比。一级认证与全球良好农业规范认证要求一致。申请人获得 GAP 认证证书后可以在非零售产品包装、产品宣传材料、商务活动中使用认证标志。

2. 良好农业规范认证的流程与方法

良好农业规范（GAP）认证的申请人可以是单个农业生产经营者，也可以是农业生产经营组织。GAP 认证根据项目规模、项目类型、审核时间以及认证决定的时间进行收费。

（1）良好农业规范（GAP）认证的流程。申请良好农业规范

（GAP）认证的申请人，应按以下流程申请GAP认证（图7-2）。

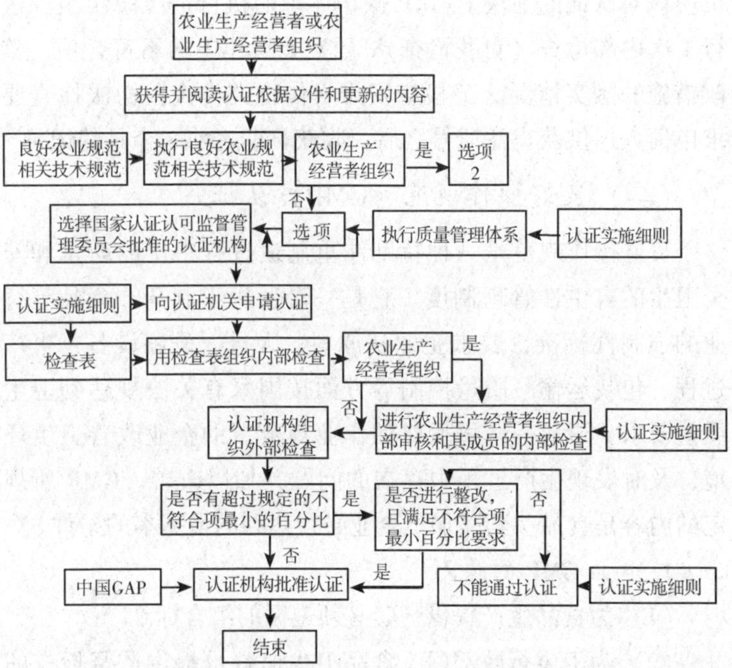

图7-2　良好农业规范（GAP）认证流程

（2）良好农业规范（GAP）认证的方法。

①熟悉标准，认真阅读GB/T 20014《良好农业规范》标准，了解标准中的要求。②企业管理者、生产负责人和内部审核员应参加过培训，以便更多地了解GAP的要求。③生产操作过程符合相关GAP控制点的操作标准，遵循本国和出口目标国的法律法规，并保存GAP操作过程中完整的农事活动书面记录。④在接受正式的独立检查之前，企业应该使用GAP检查表进行一次自我检查，验证是否符合了GAP的所有控制点，并对不符合的地方进行记录和改进。⑤申请者在接

受检查之前，要积极配合，提供相关文字材料。⑥内部检查员应该对认证的地块上 GAP 操作体系的执行情况每年至少进行 1 次内部检查（自我检查）。重点是操作中的不符合项、整改措施的落实情况。⑦检查安排。作物类检查：初次检查要求申请人提供获得注册号之后，收获日期之前 3 个月的记录。

（二）良好操作规范（GMP）认证

良好操作规范是一种特别注重制造过程中产品质量和安全卫生的自主性管理制度。它是一套适用于制药、食品等行业的强制性标准，要求企业从原料、人员、设施设备、生产过程、包装运输、质量控制等方面按国家有关法规达到卫生质量要求，形成一套可操作的作业规范帮助企业改善卫生环境，及时发现生产过程中存在的问题并加以改善。GMP 所规定的内容是食品、药品加工企业必须达到的最基本的条件。

1. 食品 GMP 的意义

（1）为食品生产提供一套必须遵循的组合标准。

（2）为卫生行政部门、食品卫生监督员提供监督检查的依据。

（3）为建立国际食品标准提供基础。

（4）便于食品的国际贸易。

（5）使食品生产经营人员认识食品生产的特殊性，提供重要的教材，由此产生积极的工作态度，激发对食品质量高度负责的精神，消除生产上的不良习惯。

(6) 使食品生产企业对原料、辅料、包装材料的要求更为严格。

（7）有助于食品生产企业采用新技术、新设备，从而保证食品质量。

2. 食品 GMP 的基本精神

降低食品生产过程中人为的错误；防止食品在生产过程中遭到污染或品质劣变；建立健全的自主性品质保证体系。

3. 推行食品 GMP 的目的

（1）提高食品的品质与卫生安全。

（2）保障消费者与生产者的权益。

（3）强化食品生产者的自主管理体制。

（4）促进食品工业的健全发展。

4. 食品 GMP 认证申请食品

GMP 认证工作程序包括申请受理、资料审查、现场勘验评审、产品抽验、认证公示、颁发证书、跟踪考核等步骤。

食品企业应递交申请书。申请书包括产品类别、名称、成分规格、包装形式、质量、性能，并附公司注册登记复印件、工厂厂房配置图、机械设备配置图、技术人员学历证书和培训证书等。

三、地理标志认证

（一）农产品地理标志的概念与特征

《农产品地理标志管理办法》给农产品地理标志的定义是：标示农产品来源于特定地域，产品品质和相关特征主要取决于自然生态环境和历史人文因素，并以地域名称冠名的特有农产品标志。它既是产地标志，也是品质和质量标志，属于农产品质量安全法调整的范围。因此，农产品地理标志是一个专用名词，具有公益性、亲农性、区域独特性、权利的永久性、权利的不可转让性以及持续的品牌效应等特征。

（二）农产品地理标志申请

1. 申请材料

农产品地理标志登记申请人为县级以上地方人民政府根据规定申请条件择优确定的农民专业合作经济组织、行业协会等组织。符合农产品地理标志登记条件的申请人，可以向省级人民政府农业行政主管部门提出登记申请，并提交下列申请材料。

（1）登记申请书。

（2）申请人资质证明。

（3）产品典型特征特性描述和相应产品品质鉴定报告。

（4）产地环境条件、生产技术规范和产品质量安全技术规范。

（5）地域范围确定性文件和生产地域分布图。

（6）产品实物样品或者样品图片。

（7）其他必要的说明性或者证明性材料。

2. 申请条件

凡申请地理标志登记的农产品，必须符合下列条件。

（1）称谓由地理区域名称和农产品通用名称构成。

（2）产品有独特的品质特性或者特定的生产方式。

（3）产品品质和特色主要取决于独特的自然生态环境和人文历史因素。

（4）产品有限定的生产区域范围。

（5）产地环境、产品质量符合国家强制性技术规范要求。

省级人民政府农业行政主管部门自受理农产品地理标志登记申请之日起，应当在45个工作日内完成申请材料的初审和现场核查，并提出初审意见。符合条件的，将申请材料和初审意见报送农业农村部农产品质量安全中心；不符合条件的，应当在提出初审意见之日起 10 个工作日内将相关意见和建议通知申请人。农业农村部农产品质量安全中心应当自收到申请材料和初审意见之日起 20 个工作日内，对申请材料进行审查，提出审查意见，并组织专家评审。专家评审工作由农产品地理标志登记评审委员会承担，独立做出评审结论，并对评审结论负责。经专家评审通过的，由农业农村部农产品质量安全中心代表农业农村部对社会公示。

（三）农产品地理标志使用

《农产品地理标志管理办法》第十五条规定：符合下列条件的单位和个人，可以向登记证书持有人申请使用农产品地理标志。

（1）生产经营的农产品产自登记确定的地域范围。

（2）已取得登记农产品相关的生产经营资质。

（3）能够严格按照规定的质量技术规范组织开展生产经营活动。

（4）具有地理标志农产品市场开发经营能力。

第八章 农产品营销与储藏加工

第一节　农产品的消费需求

一、农产品消费者的需求

农产品消费者是农产品的最终归宿。作为农产品经营者都要考虑农产品消费者市场，因为他们最终服务的对象是农产品消费者。可以说，农产品消费者是一切农产品市场的基础，如果一个农产品经营者不掌握农产品消费者的情况，盲目发展，势必影响其经营效益。

农产品需求是指农产品消费者对农产品有支付能力的愿望和要求。有了农产品的需求，才能使农产品经营者的经营目标得以实现，农产品经营者的营销决策和营销方案才有其现实可行性。

为此，在农产品营销过程中，必须注重对农产品消费者的需求进行研究，从而有针对性地制定营销策略，不断满足农产品消费者的需求，实现农产品经营者的目标。

二、农产品消费者的需求类型

消费者对于农产品的需求不再局限于某一个方面，而是具有需求的多样化。例如，消费者对于水果的需求，不但表现在对水果营养这一基本功能上，而且还会关注水果的品质、外形、颜色、大小等多个方面。农产品消费者的需求主要具有以下几种。

（一）对农产品食用功能的需求

“民以食为天”，农产品是食物的基础来源。消费者购买农产品，首要考虑的是某种农产品具有的能够满足其温饱及能够给其身体带来基本营养价值的功能，即有用性。这种有用性即农产品的基本功能。这是农产品被生产和销售的基本条件，也是消费者的基本需求；如消费者购买大米、白面，最主要的是看中了这两种食品能够解除饥饿，并能满足身体对于能量的基本需求；而消费者购买牛奶制品，是因为牛奶具有补充营养、增强体质的基本功能。为此，保证农产品具有基本功能，是满足农产品消费者需求的前提。

（二）对农产品品质的需求

在农产品基本功能得到满足之后，消费者往往追求更高品质的农产品。尤其是随着人们生活水平的提高，消费高品质的农产品成为一种时尚的需求趋势。农产品的高品质一般体现在营养成分的含量、纯度、水分含量、口感等多个指标上。作为农产品经营者，应当随时关注农产品消费者对农产品品质需求的变化趋势，从种植生产，到农产品采收、运输、储藏到最终的销售等各个环节，注重农产品品质，不断满足农产品消费者对高品质农产品的需求。

（三）对农产品安全性能的需求

购买任何消费品，消费者都需要所使用的产品安全可靠，不危害身体健康。对于食用的农产品而言更是如此，追求消费安全是农产品消费中的一项基本需求。为了达到这一需求，消费者要求农产品要符合以下几个要求：一是农产品要符合卫生标准，无损于身体健康，如食品应符合国家颁布的《中华人民共和国农产品质量安全法》《中华人民共和国食品安全法》《中华人民共和国进出口产品检验法》等法规和检验标准，要求在保质期内出售和食用，确保不生产、销售含有损害人体健康成分的农产品；二是农产品的安全指标要达到规定的标准，如鲜食农产品的农药残留应当限定在国家规定的指标范围之内；三是农产品最好要有保健功能，要有益于增进身体健康。随着人们生活水平的提高以及健康意识的增强，消费者日益关注食品安全和身体健康，农产品安全成为当今农产品消费需求的主流，绿色、鲜活、营养、健康越来越受到消费者的青睐。

（四）对农产品便利程度的需求

便利程度包括两个方面：一方面是农产品购买过程的便捷程度，另一方面是农产品使用过程中的方便程度。在购买过程中消费者希望以最短的时间、最近的距离、最快的方式购买所需的农产品。同类农产品在品质、安全性、价格等基本相同的条件下，便于购买往往成为消费者又一基本需求，他们选择便于购买的消费方式，既能够节约时间和精力，又能够实现新鲜消费。如近年来一些地方推出的鲜活农产品进社区以及蔬菜配送业务等销售方式，极大地方便了消费者，受到消费者的欢迎。

消费者也开始注重农产品使用过程中的方便性。如近些年来推出的薄皮核桃，与传统核桃品种比较起来，用手轻轻一捏，核桃皮就很容易剥开，而以往的核桃品种皮厚，很难剥，食用起来非常不方便。为此，薄皮核桃越来越受到消费者的欢迎。同样，以前消费者消费鸡肉需要自己宰杀、自己分割，非常烦琐；而现代消费者更追求便捷，为此，商家推出了即时屠宰、即时分割的业务，为消费者减少了许多不必要的麻烦，满足了消费者追求便捷的需求。

（五）对农产品外观的需求

对美好事物的喜爱是人类的共性，对于农产品而言，不仅需要具备基本的功能、良好的品质和安全性，而且还要求其具有完美的外观形象，尤其是随着消费水平的不断提高以及审美情趣的提高，人们愈加注重农产品的外在表现。

对于初级农产品而言，从其大小来看，要求其规整，既不能很大，也不能太小；从其形状上来看，要符合该种农产品的基本形状，该长的长，该短的短，该圆的圆，该扁的扁，而不是形状各异；从着色来看，应该具有该种农产品基本的颜色。

以消费者对于苹果外观的需求为例，现代消费者一般喜欢个头大小适宜、果形规整、着色均匀的苹果。因为如果单果重量太重，一般一次吃不完，而太小的果成熟度又不够，影响口感。食用个头均匀、果形整齐、着色好的初级农产品能够给人一种美的享受。尤其是近年来推出的一些果菜新品种，如用于观赏兼食用的蛇瓜、樱桃番茄、各种颜色的彩椒、袖珍西瓜、迷你黄瓜等，不但满足了食用、营养、保健的需求，而且满足了观赏的需求，得到了消费者的青睐。对于加工农产品而言，不仅要求其内在品质的优良，而且希望其具有完美的外观设计，即消费者对加工农产品的工艺、包装、性状、颜色以及整体风格都有较高的要求。有着适宜消费者需求的农产品的外观设计，往往是消费者的首选。

（六）对农产品情感功能的需求

这是指消费者要求农产品蕴含浓厚的感情色彩，能够体现个人的情绪状态，成为人际交往中情感沟通的媒介，并通过购买或食用该种农产品获得情感上的补偿、追求和依托。消费者作为社会成员，有着对亲情、友情、爱情、归属等情感的强烈需要，这种需要主要通过人与人之间的交往沟通得到满足。在农产品消费过程中，人们也希望通过农产品来传递情感，使相互之间的感情能够以农产品为媒介得以实现。如鲜花作为一种特殊的农产品，不同的品种能够传递不同的情感；经过生长阶段特殊处理的带字苹果，其中有福、禄、寿、平安、吉祥、生日快乐等字样，无论是自己消费还是作为一种礼品，均能够给消费者带来心理情感上的满足。同样在加工农产品的包装上，配以富有情感的语言和图案，同样能够满足消费者的情感需求。

（七）对农产品社会象征性的需求

农产品的社会象征性，是消费者要求农产品体现和象征一定的社会意义，使购买、拥有该农产品的消费者能够显示出自身某些社会特性，如身份、地位、尊严等，从而获得心理上的满足。当然，农产品的社会象征性并不是农产品本身所具有的内在属性，而是人们在现实消费中逐渐达成共识，并赋予农产品特定的社会意义。某些农产品如鲍鱼、燕窝等，由于价格昂贵、数量稀少、加工难度大、不易购买等，其消费受到极大的限制，只有少数具有特定身份、地位或较高收入的消费者才有条件拥有和消费，因此这些农产品便成为一定社会地位、身份的象征。消费者消费或用此类农产品作为礼物赠送他人，正是为了证实自己或对方的社会地位或社会身份，体现了对社会象征性的需求。

（八）对农产品良好服务的需求

以上几种需求大多体现了消费者对农产品实体功能的需求，除此之外，消费者还要求在购买和使用农产品的过程中，能够得到良好的服务。优质的服务可以使消费者获得尊重、情感交流、个人价值认定等多方面的心理满足。随着生产水平的提高和科技的发展，人们在农产品质量、数量、品种等方面的需求基本能够得到满足，消费者可以随时随地购买到自己所需要的各种农产品。为此，在消费者购买和使用产品的过程中，追求优质服务的需求日益强烈。实践证明，产品与服务已经成为不可分割的整体。消费者支付货币所购买的已不仅仅是产品实体本身，同时还购买了与产品相关的服务，包括售前、售中、售后的一系列服务。服务质量的好坏已经成为消费者选择购买农产品的主要依据之一。

第二节　农产品营销

一、农产品市场营销

（一）农产品市场营销策略

1. 错季节

季节性差价蕴藏着巨大商机，主要途径有3种：实行设施化种养，使农副产品提前或延后上市；通过储藏保鲜，使农副产品拉长销期；开发适应不同季节生产的农副产品新品种，实行多品种错季节上市。

2. 尚鲜嫩

近年来，人们的消费习惯正发生着变化，出现了崇尚鲜嫩食品的新潮，农产品开发也必须适应新的变化趋势，适当发展一些适于鲜食的青玉米、嫩花生、青毛豆、乳鸽、仔鸡等鲜嫩农副品种，无疑会受到广大消费者青睐。

3. 低成本

增强农产品的市场竞争力必须依靠新品种、新技术、新工艺、新机械来降低成本，或实行农产品的规模化、集约化生产来支持价格竞争。

4. 高品质

人们更注重营养、品味，对农产品品质的要求也越来越高，优质优价正成为新的消费动向，优质农产品的市场前景十分广阔。

5. 多品种

根据市场需求，引进、开发和推广一些名、优、稀、特新品种，以新品种来引导新需求，开拓新市场。同时按照市场需求生产适销对路的产品，以适应和满足多层次、多方位的消费需求，提高综合经济效益。

（二）农产品直销

1. 订单直销

订单直销是由农产品加工企业或最终用户与生产者在安排生产之前，直接签订购销合同的直销形式。

许多农产品如粮食、蔬菜、畜产品等由于市场变化大，行情不稳定，加上产销衔接不好，影响了生产效益和农民收入的提高。如果先进行市场调查，根据市场需求的订单安排生产，这样就把农产品的销售逐步推上了“订单”农业的轨道。这不仅有利于农业结构的调整，加快农业产业化进程，而且也解决了农产品的销售问题，为发展产销对接奠定了良好的基础。

2. 观光采摘直销

农产品观光采摘直销就是通过游客观光、采摘、垂钓等方式，直接推销自己农产品和服务的一种直销形式。观光采摘农产品价格可比市场价格高出 1 倍到几倍。

另外，在观光采摘直销中，可通过举办采摘活动或举行开节仪式，吸引大批中外宾客和多家宣传媒体的到来，从而提高本地区的知名度，对本地区农产品的销售及经济发展起到广告宣传作用；通过观光、采摘等活动，也能带动本地区其他产业的同步发展，促进农业产业结构的调整。

3. 零售直销

一些鲜活的农产品，如蔬菜、水果、水产品等，生产者在田间、地头、农贸市场直接把产品出售给消费者，或直接把农产品送到客户（旅馆、饭店）手中，都属于零售直销形式。直销中，生产者和消费者都处于主动地位，不仅保证了生产者的收入和消费者的合理支出，而且也可保证农产品的鲜活性，损耗少。当然，这种销售方式要求生产者具备一定的销售能力和承担市场风险的能力。

（三）农产品间接销售

农产品间接销售，指连接农产品生产者与消费者的中间商，即取得产品所有权或帮助转移农产品所有权的企业或个人。具体包括：分销渠道的代理商和分销商；是否具有经营权来区分的独立的中间经营供应商或代理商；或根据是消费市场还是产业市场区分为前者批发商、零售商，后者销售代理商或批发代理商。

农产品间接销售是将生产者与消费者连接的纽带。其主要表现形式如下。

1. 农产品代理商

代理指代理人以自己或被代理人的名义，代理被代理人与第三人实施民事法律行为。农产品代理商则只负责争取顾客或代表买卖方进行农产品交易，且不拥有农产品所有权的中间商。按不同标准代理有不同分类，如独家代理与多家代理，总代理与分代理，佣金代理与买断代理。

2. 农产品经销商

农产品经销商是指农产品生产者指定特定公司为其农产品交易的中间商，双方签订合同，农产品生产者提供的农产品由中间商进行销售。农产品经销商与农产品生产者的关系是法律上的买卖关系，农产品经销商依据合同约定的权力进行营销活动，并以农产品生产者的名义销售农产品及提供服务。

3. 农村经纪人

农村经纪人是活跃在农村经济领域，以收取佣金为目的，为促成他人交易而从事农产品产加销中介服务的公民、法人和其他经济组织。目前，全国约有 61 万名了解信息、懂市场的农村经纪人，年经纪业务量达 1 707 多亿元，经纪活动基本覆盖了包括粮食、棉花、油料、蔬菜、水果、苗木、牲畜、水产、家禽以及药材、茶叶、香菇、木耳等土特产品在内的所有农产品。农村经纪人部分解决了农产品流通慢、农民增产不增收的难题。农村经纪人在保证农民增收的同时．还有效地促进农业生产结构的调整、农村农产品产业化的形成和农村富余劳动力的就业。我国农村经纪人一般采用“企业+经纪人+农户”的模式从事经纪。一般情况下，一个经纪人联系并引导着若干个农户的生产活动，少的几户，多的达百户、千户。

（四）农产品品牌营销必须把握好的五大要素

在买方市场条件下的农产品竞争实质是品牌竞争，有品牌的农产品不仅受到消费者的信赖，而且能卖上好价钱。农产品品牌营销必须把握好五大要素。

1. 农产品的商标

商标是农产品的身份证，是农产品创品牌的首要因素。

2. 农产品的标准

要形成批量生产的农产品，必须有农产品的标准。标准化生产是创品牌的前提。农产品的品质因农业生产地区，生产过程中技术操作规程，产前、产后技术操作规程的不同而相异。高质量的农产品通常不但具有产中的农业技术标准，还具有产前、产后的农业技术标准，实行系列化的标准化生产。

3. 农产品的质量监测

农产品要创出名牌，先要有过硬的质量，必须经过权威检测部门和技术监督部门检测合格，才能进入市场。因此，农产品生产者和有关部门应加强对农业生产资料、生产过程、生态环境等的质量监测工作，对农产品产前、产中、产后各环节进行有效的质量监督，方可不断拉近与名牌的距离。

4. 农产品的资源特色和科技含量

名牌农产品应是优良的品种、独特的生产工艺、优越的自然资源，甚至是历史文化的综合体现。在推进农产品品牌化和农业产业化的进程中，一些地方的名牌农产品应运而生。

5. 要采取有力措施，依法保护名牌农产品

在市场经济中，品牌与市场主体的生存、发展紧密联系。市场对国内品牌农产品的冲击主要来自两个方面：一是假冒伪劣农产品的冲击；二是自砸牌子的行为。目前，来自第一种冲击的风险非常大。这就要求国家有关部门积极培育优良的市场竞争环境，打击假冒伪劣农产品，为品牌农产品保驾护航。

二、农产品网络营销

（一）农产品网络营销的概念

农产品网络营销，又称为“鼠标+大白菜”营销，是农产品营销的新型模式。它主要是利用互联网开展农产品的销售活动，包括网上农产品市场调查、促销、交易洽谈、付款结算等活动。

市场经济条件下，农产品营销管理必须有效地运用现代信息技术和手段，才能在瞬息万变的市场中敏锐地捕捉到消费者的需求信息，以恰当的方式为消费者提供合适的农产品，在满足农产品消费者需求的同时实现自身的发展。

当前，农产品流通不畅已成为阻碍我国农业和农村经济健康发展、影响农民增收乃至农村稳定的重要因素。农产品卖难，其实质问题是小农户与大市场不相适应的矛盾。由于农产品市场信息不灵、农村市场商品流通体系不健全导致农产品的结构性、季节性、区域性过剩。发展农产品网络营销，将对农产品的生产和流通产生巨大的影响。

（二）农产品网络营销的特点

随着互联网技术发展的成熟以及联网成本的低廉，互联网好比是一种“万能胶”，将企业、团体、组织以及个人跨时空联结在一起，使他们之间信息的交换变得“唾手可得”。市场营销中最重要也最本质的是组织和个人之间进行信息传播和交换。如果没有信息交换，那么交易就是无本之源。正因如此，互联网具有营销所要求的某些特性，使得网络营销呈现出以下特点。

1. 跨时空

营销的最终目的是占有市场份额，互联网具有超越时间约束和空间限制进行信息交换的特点，因此使得脱离时空限制达成交易成为可能，企业可有更多时间和更大的空间进行营销，可每周 7 天、每天 24 小时随时随地提供全球性营销服务。

2. 多媒体

互联网可以传输多种媒体信息，如文字、声音、图像等，能使为达成交易进行的信息交换以多种形式存在和交换，可以充分发挥营销人员的创造性和能动性。

3. 交互式

互联网通过展示商品图像等商品信息资料库提供有关的查询，来实现供需互动与双向沟通，还可以进行产品测试与消费者满意度调查等活动。互联网为产品联合设计、商品信息发布，以及各项技术服务提供最佳工具。

4. 个性化

互联网上的促销是一对一的、理性的、消费者主导的、非强迫性的、循序渐进式的，是一种低成本与人性化的促销，避免推销员强势推销的干扰，并通过信息提供与交互式交谈，与消费者建立长期良好的关系。

5. 成长性

互联网使用者数量快速成长并遍及全球，使用者多属年轻、中产阶级、受教育水准高，由于这部分群体购买力强而且具有很强市场影响力，因此这是一项极具开发潜力的市场渠道。

6. 整合性

互联网上的营销可由商品信息至收款、售后服务一气呵成，因此也是一种全程的营销渠道。另外，企业可以借助互联网将不同的传播营销活动进行统一设计规划和协调实施，以统一的传播资讯向消费者传达信息，避免不同传播中不一致性产生的消极影响。

7. 超前性

互联网是一种功能最强大的营销工具，它同时兼具渠道、促销、电子交易、顾客服务互动，以及市场信息分析与提供的多种功能。它所具备的一对一的营销能力，正符合定制营销与直复营销的未来趋势。

8. 高效性

计算机可储存大量信息，代消费者查询，可传送的信息数量与精确度，远超过其他媒体，并能因应市场需求，及时更新产品或调整价格，因此能及时有效地了解并满足顾客的需求。

9. 经济性

通过互联网进行信息交换，代替以前的实物交换，一方面可以减少印刷与邮递成本，无店面销售，免交租金，节约水电与人工成本，另一方面可以减少由于迂回多次交换带来的损耗。

10. 技术性

网络营销是建立在高技术作为支撑的互联网的基础上的，企业实施网络营销必须有一定的技术投入和技术支持，改变传统的组织形态，提升信息管理部门的功能，引进懂营销与计算机技术的复合型人才，未来才能具备市场的竞争优势。

（三）农产品网络营销的对策

1. 在生产环节，实现农业生产的标准化

“互联网+”农业可以从生产环节彻底改造农业，使农业自动化、精准化、可追溯，减少人力，降低成本，并最终实现农产品生产的标准化。应用互联网技术，可以通过各种无线传感器实时采集农业生产现场的光照、温度、湿度等参数及农产品生长状况等信息，再将采集的参数信息汇总整合，最后通过智能系统进行定时、定量、定位处理，及时精确地遥控指定农业设备的开启或关闭，真正实现“智能化农业”。

2. 在流通环节，创建廉价且高效的销售入口

既可以农业电子商务的形式体现，建立农产品信息平台，大力发展智能农业和农村电商，通过电商进行销售，又可以使用户足不出户、舒适便捷地选择到自己心仪的产品，并充分发挥本地产销企业流半径小、安全控制能力强的本土优势。同时作为一种新型销售模式，电商也是促进本土农产品实现优质优价的最有效途径之一。还可以利用各类社会化媒体及通信工具作为农产品提供便利的营销入口，微博、微信、QQ、快手、抖音等都是很好的资源，营销成本极低。

3. 在经营环节，基于互联网思维的“搭平台”，升级农产品经营模式

互联网农业的营销策略很好地运用市场细分理念，运用大数据精准定位目标客户，避免泛化营销；运用无障碍频繁自由的互联网沟通工具，实现与客户的密切互动，不断改进产品质量；互联网平台从根本上改变农业生产和销售的关系，运用大数据分析定位消费者的需求，按照消费者的需求组织农产品的生产和销售，从而实现农产品的零库存。互联网农业实现了从生产商向服务商转型，使农民、消费者和市场紧密融合。酒香不怕巷子深，农业已经进入营销新时代，将互联网思维用在农产品规格、包装、生产、渠道等环节，可以解决小规模生产问题。而“互联网+”，将给农产品带

来颠覆性价值，其绝对不仅仅是渠道的补充，更是让所有企业更进一步接近、理解自己的消费群体，既能够定制化推出及引导和满足消费者深层心理需求，又能够持续为企业贡献巨大利润、提升企业品牌价值和知名度的“战略新品”。

4. 在配套环节，用互联网来提升农村农业金融服务

规模化信息化现代化和智能化的农业经营，需要更大的资金投入，我国的农村金融服务并不能满足农民的需要。当前我国互联网农村金融服务主要集中在两个方面：一是小额信贷。农村信贷的主要服务对象多为养殖、餐饮、零售等小规模经营者，因此信贷额度小，资金分散，相对于大额信贷而言借款人的资金安全更加有保障。小额贷款的农村互联网模式是通过互联网聚集借款人以及投资人，再通过相关风险控制体系筛选有能力的借款人以及投资人，使其对接交易的O2O模式。二是农业保险。目前我国商业保险公司开展农业保险的积极性较低，农业保险险种较少，主要是因为农业生产经营风险大、保险赔付率高。通过运用互联网的信息采集能力和大数据分析能力，农业保险赔付率高的问题将可以得到显著改善。

第三节　农产品储藏加工

一、农产品储藏

（一）农产品储藏的必要性

1. 满足消费者的需求

农业生产的季节性较强，在收获时节，应季农产品会集

中向市场供应，造成短时期这些农产品的供过于求；而在其他时间，又可能出现这些农产品的供不应求。通过储藏农产品，可以有效地调整各时期农产品的供应量，更好地满足消费者的需求。

2. 促进农民收入水平的提高

处于收获时节的农产品，由于供应量大，市场价格自然就会很低，有时甚至低于农产品的生产成本。而在非收获时节，由于市场上该种农产品的供应量相对较少，会卖上个好价钱。所以通过农产品储藏，可有效地提高农民的收入水平。

（二）粮食储藏生态防虫方法

1. 苦楝叶+野菊花防虫法

取苦楝叶洗净晒干，粉碎后按95%比例掺入5%的野菊花备用；然后按每500千克粮食用药200克，分层撒在粮食堆中，在最上层适当多撒一些。这样即可保持粮食不受虫害。

2. 杨树叶+山茶子防虫法

取新鲜杨树叶和山茶子叶覆盖于粮食表层，然后再用三层报纸把容器口封好，密闭3~4天，即可杀死粮食中的虫卵。

3. 山苍子+生姜粉防虫法

将干山苍子粉碎后加生姜粉等量混匀，用纱布包好，每包200克，在每500千克粮食中埋药4包，防虫效果十分显著。

4. 螃蟹壳+生姜片防虫法

将收集的螃蟹壳洗净晒干，加干生姜片适量，均匀混入粮食中储存，既无腥味，又能收到较好的驱虫和杀虫效果。

5. 海带防虫法

将晒干的海带按 1：100 的比例混放于粮食中，1 周后海带可吸收粮食中的部分水分，并可杀灭蛾类等害虫，同时还可杀灭各种霉菌。海带取出晒干后还可重复利用，且不影响其食用价值。

6. 松柴木防虫法

取含有松脂较多的松柴木，将其劈成手指大小的小段块，均匀地埋入粮食中，然后密封储存，可有效地防虫蛀。

7. 菖蒲艾草防虫法

取薪鲜菖蒲和艾草，洗净晒干，每 500 千克粮食中分别按上、中、下铺放 3 层即可达到驱虫、杀虫的效果。

8. 臭椿树叶防虫法

取新鲜的臭椿树叶洗净，晒干切碎，按每 500 千克粮食拌树叶 2.5 千克，密封保存，粮食可不受虫害。粮食出仓时，必须筛去碎树叶，方可加工食用。

9. “三粉”合剂防虫法

取陈皮粉、八角粉、红辣椒粉各等量混合后，用纱布包好，每包重 100 克，按每 500 千克粮食均匀投放 5 包，密封储存，驱、杀害虫效果好。

10. “四粉”合剂防虫法

取花椒粉、茴香粉、生姜粉、大蒜粉各等量混合后，用纱布包好，每包 100 克，在每 500 千克粮食中均匀埋入 5 包，即可达到驱虫、防蛀作用。

（三）果蔬储藏

1. 选好储藏种类

有些种类极不耐储藏，经短期储藏或异地调运就可能获得利润，不必长时间储藏，不然会适得其反，如黄瓜、豆角、茄子、西葫芦等。而有的品种不能通过设施栽培实现常年供应，一年只能收获一季，采收时间很短，这些果蔬长期储藏可增加收入。

2. 注意品种选择

储藏前，一是要了解品种的耐藏性，一般而言，晚熟品种较早熟品种耐藏，昼夜温差大的地区栽培的果蔬耐藏，栽培在高海拔地区的果蔬耐藏。二是储藏品种应根据市场而定，什么品种受欢迎、卖得快，就储藏什么。三是还应注意不同口味品种搭配，以满足不同的消费群体。

3. 不同果蔬分类储

某些果蔬所要求的条件相同，相互之间又无不利影响，就可以同库储藏。有些果蔬所要求的储藏温度相同，但由于一种果蔬挥发的气体对另一种果蔬有不利影响，则不应同库储藏，如猕猴桃对乙烯特别敏感，所以在储藏中不宜与苹果、梨等同库储藏。有些果蔬要求较高的相对湿度（如苹果、梨等），而有些则要求较低的相对湿度（如板栗、核桃等），所以储藏时要注意分类。

4. 配合使用保鲜剂

影响果蔬储藏的因素有温度、湿度和气体成分等，在适宜的储藏温度条件下，配合使用保鲜剂、保鲜袋，会取得很好的保鲜效果。

5. 注重采前管理

果蔬储藏要做好采前管理，如采收前 15 天停止浇水；在病虫害防治上要注意使用高效低毒或无毒的杀虫、杀菌剂。另外，采前喷洒过催红素、无核剂、膨大剂等激素类药物的果蔬不宜用于储藏。

（四）控制果蔬失水的常用方法

新鲜果蔬的含水量可达65%~96%，失水会引起产品失鲜，也使产品的重量减少，造成直接经济损失。控制果蔬采后失水的方法主要有以下几种。

1. 包装、打蜡或涂膜

用塑料薄膜或其他防水材料将产品罩起来，也可以将产品装在袋子、箱子或纸盒中。聚乙烯薄膜是较好的防水材料。

2. 增加空气湿度

可用自动加湿器向库内喷迷雾或蒸汽，也可以在地面洒水或在库内挂湿草帘，或者适当提高蒸发器冷凝管的湿度，使其维持在低于储藏温度2~3℃的范围内。

3. 适当通风

通风时要尽量降低风速，0. 3~3 米/秒的风速对产品水分蒸发的影响不大。

4. 使用夹层冷库

夹层冷库的库体由两层墙壁组成，中间是冷空气循环，蒸发器不在库内，库内的湿度很高，可防止产品失水。

5. 使用微风库

微风库的冷风是经过库顶上的多个孔送入库内或使冷空气先经过加湿再送到库中，可以有效防止失水。

（五）预防果蔬冷害的措施

低温是保存水果和蔬菜的最好方法，但是不同的产品起源不同，对低温的要求也不一样，如果使用了不适当的低温储藏果蔬，就会导致其发生冷害，造成严重的经济损失。预防果蔬冷害的措施如下。

1. 适温储藏

防止冷害的最好方法是掌握果蔬的冷害临界温度，不要将果蔬置于临界温度以下的环境中。

2. 温度调节和温度锻炼

有些果蔬在临界温度以下经过短时间的锻炼，然后置于较高的储藏温度中，可以防止或减轻冷害。

3. 间歇升温

在果蔬储藏过程中用一次或多次短期升温处理来中断其冷害的方法。

4. 变温处理

储藏过程中，根据某类果蔬的生物特性，而使用不同的储藏温度。

5. 气调储藏

降低储藏环境中氧气的浓度，提高二氧化碳浓度的储藏方法。

6. 湿度的调节

100%的相对湿度可以减轻冷害症状，相对湿度过低却会加重冷害症状。用塑料袋包装可以减轻冷害症状。

7. 化学处理

有些化学物质可以增加果蔬对冷害的忍受力，有效地减轻冷害。如储藏前用氯化钙处理，可以减轻番茄、苹果等的冷害。

（六）果蔬预冷的形式

果蔬预冷的目的就是在采收后到储藏前，使用人为的方法将果蔬体温尽快冷却到规定的温度范围之内，以降低呼吸强度，保持原有品质。果蔬预冷的形式如下。

1. 风冷

果蔬采收后首先送入常规冷库的高温库区，并尽快以机械吹冷风循环的方式实现冷却，然后再安排分级、包装等程序。

2. 冰冷

将新采摘的果蔬和一定量的冰块置于同一密封间，冰升华和融化所吸收的热量能够使区间温度降低，从而实现对果蔬的冷却。

3. 水冷（湿冷）

用高湿冷空气冷却果蔬，它适合于多数果蔬预冷保鲜的要求。

4. 真空冷却

在减压的条件下，使果蔬表面的部分水分迅速蒸发，由于水的蒸发过程吸热而实现果蔬冷却的目的。

（七）现代果蔬保鲜方法

随着高科技在食品领域的不断开发利用，各种果蔬的储藏保鲜技术也不断地被研制开发出来。

1. 冷温高湿储藏法

日本农林省果树试验所研究出的水果冷温高湿储藏保鲜法，能较大幅度地延长水果的保鲜时间，而且不会给水果造成不良影响。其做法是：把冷库的温度调到0~1℃，湿度调到95%，并注入负离子和臭氧的混合气体。它的益处在于，有些水果不能承受低温，但高湿度可解决这一难题，低浓度臭氧不能杀菌，但加上负离子后杀菌能力有了明显提高。同以往的水果保鲜法相比，桃、葡萄和梨的保鲜时间可延长5倍；柑橘摘下保鲜5个月后仍能食用。

2. 可食性果蔬保鲜剂

英国一家食品公司制成了一种可食用的水果保鲜剂，它是由糖、淀粉、脂肪酸和聚酯物调配成的半透明乳液，可采用喷雾、涂刷或浸渍等方法覆盖于苹果、柑橘、西瓜、香蕉等水果表面，保鲜期可达 200 天以上。由于这种保鲜剂在水果表面形成一层密封膜，故能防止氧气进入水果内部，从而延长了水果熟化过程，起到了保鲜作用。这种保鲜剂还可以同水果一起食用。

3. 高温处理保鲜法

英国发明了各种鳞茎蔬菜的高温储藏技术。该技术利用高温对鳞茎类蔬菜发芽的抑制作用，把储藏室温度控制在 23℃，相对湿度维持在 75%，这样就可达到长期储藏保鲜的目的了。

4. 新型塑料保鲜膜

日本研制成功一种一次性新型塑料保鲜膜。它由两层透水性极好的尼龙半透明膜组成，两层之间装有渗透压高的砂糖糖浆。用这种塑料膜来包装果蔬，能缓慢地吸收从果蔬表面渗出的水分，从而达到保鲜的目的。

5. 减压处理保鲜法

储藏室的低压是靠真空泵抽出室内空气而产生的，低气压控制在 100 毫米汞柱以下，最低为 8 毫米汞柱（1 毫米汞柱≈133 帕斯卡）。空气中的相对湿度是通过设在室内的增湿器来控制的，一般在 90% 以上。使用这种方法在抽气时减少了室内氧气含量，使果蔬的呼吸维持在最低水平，同时还排出了室内一部分二氧化碳和乙烯气体，因此，有利于果蔬长期储藏。

6. 可食性果蔬覆盖膜

美国一家食品公司研制出了一种能使切开的水果和蔬菜保持新鲜的方法。它是利用干酪和从植物油中提取的乙酰单酸甘油酯制成的一种特殊的覆盖膜，将这种透明、可食、没有薄膜气味的薄片粘贴在切开的瓜果蔬菜表面，可防止果蔬脱水、变黑及微生物的侵入。

7. 果蔬保鲜包装箱

日本有家公司生产了一种水果保鲜包装箱，它是在瓦楞纸箱的瓦楞纸衬上加一层聚乙烯膜，然后再涂上一层含有微量水果消毒剂的防水蜡涂层，以防止水果水分蒸发并抑制呼吸，从而达到保鲜目的，可以使保鲜期长达 1 个月。

（八）种子冬季安全储藏

作物种子从收获到再播种，要经过一段较长的储藏时间。在储藏期间，即使种子已处于休眠状态，也绝不会停止其生命活动，因此，为保证作物种子安全储藏，必须注意如下几点。

1. 注意含水量高的种子不能入库

在严寒低温的情况下，含水量高的作物种子最容易受冻害，最后丧失生活力。因此，在寒冬到来之前，一定要把作物种子的含水量降到安全水分的标准。

2. 注意提高种子的质量

在入库前，必须通过风选、筛选或人工挑选，除净种子中的夹杂物，保证种子的质量。

3. 入库前要注意做好清仓消毒

在种子入库前，要对仓库进行彻底的清理，把杂物和灰尘扫除干净，同时还要堵塞鼠洞或投放鼠药，有条件的农户最好用农药把仓库喷洒或熏蒸一次，把仓虫消灭净，尽可能地减少不良环境对种子的影响，使种子长期处在低温、干燥、密闭的条件下。

4. 注意不要造成品种间的相互混杂

入库前，对不同品种、不同等级的种子标上品种名称、数量、等级、含水量、生产单位和入库时间。把种子和商品粮袋分开堆放，以防相互混杂，影响种子纯度。

5. 注意不要用塑料袋装种子

如果种子装在塑料袋里，就会妨碍种子的正常呼吸，使种子停止生命活动，因而就丧失了发芽能力。同时，种子含水量大时，水分散发不出去，还容易造成种子的伤热、霉烂变质。

6. 要注意防潮

种子入库后，要避免将种子直接放在潮湿的地面上，要把装有种子的麻袋或容器用木料或砖垫离地面 50 厘米以上，这样有利于通风，防止受潮。

7. 注意不要和农药、化肥同库存放

许多农药和化肥都具有一定程度的挥发性和腐蚀性，对种子的细胞和胚都有腐蚀作用。

8. 储藏期间注意防烟熏和热汽蒸

种子烟熏和热汽蒸会使种子霉烂变质，降低发芽率和发芽势，引起弱苗和易发生病虫害。

9. 注意不要轻易变换种子的存放地点

种子对外界温度的适应性有一定的限度，如果温度过低，有冻破种子胚部生殖细胞的可能性，而温度过高时，又容易引起种子的热伤、霉烂变质，失去发芽能力。因此，在种子入库后，一般不要轻易变换存放的地点。

10. 种子储藏期间要注意勤检查

要根据不同的季节，对种子的保管方法、含水量、温度、湿度、发芽率情况进行定期检查，主要应注意检查 3 个方面：

一是检查种子是否受潮湿，以防发生伤热和霉烂变质；二是检查种子是否被虫蛀、鼠咬；三是检查种子的发芽率和发芽势变化情况，尤其是在播种之前。一定要进行一次种子发芽实验，发现问题，及时解决，以防由于种子发芽率过低而造成减产。

二、农产品加工

（一）农产品加工的概念及其必要性

农产品加工是以人工生产的农业物料和野生动植物资源为原料所进行的工业生产活动。

通过对农产品加工，能实现农产品增值，增加农民收入。我国农产品加工有着巨大潜力。目前，发达国家农业产品加工值为农业总产值的2~4倍，而我国农产品加工值只有农业总产值的40%。如我国稻谷的生产是世界第一，大米精加工率却只有12%；肉类的总产占世界的1/4，加工能力只有4%，国外一般都是30%以上；水果的总产居世界首位，加工能力却只有7%；苹果总产居世界第一，但是加工率只有6%，而世界平均加工率为22%。

（二）农产品加工业的分类

国际上通常将农产品加工业划分为五类，即食品、饮料和烟草加工；纺织、服装和皮革工业；木材和木材产品包括家具制造；纸张和纸产品加工、印刷和出版；橡胶产品加工。

我国在统计上与农产品加工业有关的是12个行业，即食品加工业、食品制造业、饮料制造业、烟草加工业、纺织业、服装及其他纤维制品制造业、皮革毛皮羽绒及其制品业、木材加工及竹藤棕草制品业、家具制造业、造纸及纸制品业、印刷业和橡胶制品业。

（三）对农产品加工设备的要求

用于储藏鲜农产品的设备应经过清洁，必要时应进行消毒。及时检查这些设备，以确定是否有啮齿动物、鸟类或其他昆虫的活动。

在远离田地之前应尽可能地去除黏附在农产品上的泥土和泥浆，以确保在田地里清洗、冷却或包装的农产品免受污染。当在地里包装农产品时，应格外小心，防止容器或盘子暴露于土壤和肥料中而受到污染。用于运输新鲜农产品的托盘、容器和盘子使用前必须清洗。操作者可以在接收场地留出一块场地用于清洗装运新鲜果蔬的托盘和容器。装运即食鲜果蔬的容器必须经清洗和消毒。

田地设备，如收割机、刀具、容器、台子、篮子、包装物料、刷子和桶等，都能传播病原微生物给农产品，操作者应考虑适当使用收割和包装设备，并尽可能地保持清洁，用于拖运垃圾、肥料或其他碎片的设备，未经清洗、消毒之前不能接触拖运农产品的容器或货盘，或直接用于拖运鲜农产品。保持收割容器清洁以防止农产品的交叉污染，重复使用的采收容器在采收期间，每装卸一次后及再次使用前必须经过清洗，如果容器堆放在室外，每次装运农产品之前都必须经过清洗和消毒，应指派专人负责设备的管理，被指派的人员应了解每天设备如何使用，确保设备性能良好，并能采取措施确保设备所需的清洁和卫生。

（四）对农产品及其加工品包装的要求

在储存中防止未使用的、干净的、新的包装容器的污染。没有立即使用的包装容器和包装物应存放好，以防止有害生物、泥土、设备和建筑物顶部冷凝水的污染。如果包装容器存放于室外，在使用前应清洗和消毒。包装和储存设施应保持清洁状态。

用于摆列、分级和包装鲜农产品的设备必须用易于清洗的材料和工艺制成。设备的设计、建造、使用和一般清洁能降低产品交叉污染的风险。操作者应考虑以下操作：尽可能地保持与农产品接触的设备或机械的清洁，所有与农产品接触的储存、分级和包装设备都可能是传播微生物污染的媒介，每天应清除加工设备的泥泞和碎片，如刀具、锯、刀片、靴子、手套、工作服和围裙等设备必须定期清洗、检查，需要时及时更换。清洁和消毒清洗、分级、储存和包装线对于降低新鲜农产品的潜在微生物是必需的。维护冷却系统以保证设备的功能，每天检查所有冷却设备，清除所有的碎片，必要时在使用期间清洗。

第九章 小农户经营风险与防范

第一节　农业风险的概念与分类

一、农业风险的概念

农业是受灾害影响比较大的产业，一旦遇到灾害，直接影响农民生产经营的收益，老百姓通常也将农业称作“靠天吃饭”的行业。

农业风险是在农业生产经营过程中遭受到因洪涝、干旱、疫病等灾害导致的财产损失、人身伤亡或者其他经济损失等风险损失的不确定性。这种不确定性是否会发生、什么时候发生、发生所造成的损失程度都是难以预测的，有些即使可以预测也是人力所无法抗拒的。

我国是一个农业自然灾害频发的国家，不同的区域面临的灾害状况各不相同。总体来说，我国的农业风险主要具有种类多、范围广、区域性、季节性、风险相对集中、损失相对严重等特点。

对于农业而言，不仅风险种类远远高于工业和服务业，而且由于自身的弱质性和生产过程的特殊性，对灾害的抵抗能力较弱，面临的风险损失程度也远远高于工业和服务业，是典型的风险产业。

二、农业风险的分类

根据风险产生的原因，通常农业风险可以分为自然风险、疫病风险、市场风险、政策风险、社会风险五大类。

一是自然风险。指刮风下雨、旱涝冰雹、低温寡照等自然因素异常造成的灾害损失。这类损失轻则减产降质，重则颗粒无收。

二是疫病风险。指动植物由于遭受疾病而造成的损失，特别是养殖业的疫病风险危害性更大。

三是市场风险。指经济环境变化带来的农业风险，如农产品价格波动、生产资料价格上涨、利率变化、进出口贸易形势变化等。

四是政策风险。指由国家农业政策变化所造成的风险。如价格支持政策、产业支持政策、土地政策的变动都会给农业生产经营带来不确定性。

五是社会风险。指由社会条件异常带来的风险，主要包括行为风险和技术风险。

第二节　小农户常见经营风险

农业经营的风险和其他产业不同，农业经营风险来自 3 个方面，即自然风险、市场风险、技术风险。

一、自然风险不可抵抗

农业是一个非常脆弱的产业，对气候、土壤、水等资源的依赖度非常高。虽然科技的发展和社会的进步使人们不断克服各种自然因素，但是目前我国的农业生产很大程度上还取决于自然气候。无论是干旱还是水涝都会给农业造成减产甚至绝产，给农户和家庭带来巨大的打击甚至破产。每年我国农作物种植遭受自然灾害的面积都在 2 万公顷以上，而且自然灾害带来的损失巨大。例如，2018 年 1 月的一场大雪导致西安阎良区一农户 26 个蔬菜大棚全部倒塌，直接损失 30 多万元。小农户在自然风险面前无能为力，是目前农业生产难以克服的问题。

二、市场风险难以预测

市场风险难以预测主要表现在两个方面。

（一）小农户与市场需求之间信息不对称

单个农户作为市场中很小的一个主体，很难应对千变万化的市场需求，加之农业周期长，季节性明显，市场信息的滞后有时并不能准确地反映市场的真实状况。这就导致小农户在农业生产过程中面临极大的市场风险。农村地区信息本来就存在不通畅的缺陷，加之我国没有建立全国性的农产品交易平台，小农户很难根据往年的收购价格来决定当年的种植品种。市场滞后导向的盲目性往往会导致农产品供过于求，存在“谷贱伤农”的现象，从而给小农户带来严重损失。笔者在河南信阳和安徽阜阳等地调研发现，部分地区2018年上半年水稻收购价格仅为1.4~1.6元/千克，相较于2017年末2.4元/千克左右的价格几乎下跌了一半，旧粮越囤越便宜农户只能贱卖。由此可见，小农户在市场决策上处于弱势地位，只能作为价格的接受者承担市场变化带来的风险。

（二）小农户与基层政府信息不对称

某些基层政府部门之间职责不清晰，对小农户的信息传达缺失。小农户可通过媒体等获得国家关于农业相关政策的信息，却可能得不到基层政府的进一步传达与肯定，或者不了解具体的政策导向。基层政府部门与小农户之间的沟通不畅导致小农户在进行生产决策过程中对政策参考可能性消失，政策的效应难以得到发挥。

三、技术风险难以突破

农业科技在不断发展，随着农作物品种的改良、杂交品种等优良品种的推广，农业产量在不断增加，但是现代农业种植要求具备更高的技术水平，无法得到专业的技术指导，会给农户带来生产风险。由于现在的小农户多为传承祖辈的耕作经验，缺乏科学种田的意识，面临现代品种的种植可能存在技术的不完善或者缺失问题。传统农业耕作不注重施肥配比、水分、光照等导致农作物低收减产或绝收给农户带来巨大伤害。

第三节　小农户经营风险的规避

面对农业风险，主要防范措施有预防、灾后减损措施和投保农业保险。

一、预　防

针对可能引发灾害损失的风险，事前积极采取喷洒农药、注射疫苗、定期消毒等相应措施来规避或者降低损失。

二、灾后减损措施

在发生灾害后，积极采取补救措施，开展灾后生产，争取将灾害损失降低到最小。

三、投保农业保险

农业保险是农业生产的保护伞，通过事前投保农业保险，一旦遇到灾害损失，就可以从保险经办机构获得一部分损失补偿，有利于及时恢复农业生产。随着农业保险知识的普及，越来越多的小农户对依靠农业保险化解农业风险的需求更为强烈。

（一）农业保险政策

1. 政策性农业保险的品种及实施范围

随着农业保险保费补贴政策的不断完善，中央财政对政策性农业保险支持力度不断加大，补贴品种不断增多，覆盖区域不断扩大。

（1）政策性农业保险品种。目前，中央政策性农业保险范围涵盖了种植业保险、养殖业保险、森林保险三大类 15 个品种，分别为玉米、水稻、小麦、棉花、马铃薯、油料作物、糖料作物、青稞，能繁母猪、奶牛、育肥猪、藏系羊和牦牛，天然橡胶、森林。

（2）政策性农业保险实施范围。①种植业保险：覆盖到全国 31 个省、自治区、直辖市以及新疆生产建设兵团、中央直属垦区、中储粮北方公司、中国农业发展集团公司。②养殖业保险：覆盖全国 31 个省、自治区、直辖市以及新疆生产建设兵团。③森林保险：江西、湖南、福建、浙江、辽宁、云南、广东、四川、广西、山西、内蒙古、吉林、甘肃、青海、大连、宁波、青岛和大兴安岭林业集团公司。④天然橡胶保险：海南省。

2. 政策性农业保险的保费补贴标准

政策性农业保险的保费主要由中央、省级、市（县）级财政和农户共同分担。其中，农户自付的比例根据各地财政补贴力度不同而有所差异，而中央财政对政策性农业保险保费补贴的力度呈逐年加大趋势。具体补贴标准如下。

（1）种植业保险补贴标准。在省级财政至少补贴25%的基础上，中央财政对中西部地区的补贴比例为40%，对东部地区的补贴比例为35%，对新疆生产建设兵团、中央直属垦区、中储粮北方公司、中国农业发展集团有限公司（以下简称中央单位）的补贴比例为65%。

（2）养殖业保险补贴标准。对于能繁母猪、奶牛、育肥猪保险，在地方财政至少补贴30%的基础上，中央财政对中西部地区的补贴比例为50%，对东部地区的补贴比例为40%，对中央单位的补贴比例为80%。

（3）森林保险补贴标准。一是公益林保险补助。在地方财政至少补贴40%的基础上，中央财政补贴比例为50%。对大兴安岭林业集团公司的补贴比例为90%。二是商品林保险补助。在省级财政至少补贴25%的基础上。中央财政补贴比例为30%，对大兴安岭林业集团公司的补贴比例为55%。

（4）藏区品种保险补贴标准。在省级财政至少补贴25%的基础上，中央财政补贴比例为40%，对中国农业发展集团有限公司的补贴比例为65%。

3. 农业保险政策的功能

新时期，随着种养大户、农民合作社、家庭农场等新型农业经营主体的蓬勃兴起，土地流转速度日益加快，规模化经营程度越来越高，农业风险也呈集聚态势，农业生产经营对农业保险转移分散风险、分摊经济损失的功能需求更加强烈。总体而言，实施农业保险政策主要有以下几个方面的重要功能。

（1）有利于减少灾害对农民生产生活的影响，稳定和保障农民收入，不断提高农民生活水平。

（2）有利于通过保险机制发挥财政支持政策的杠杆效应，使广大农民切实享受到国家惠农政策带来的效益。

（3）有利于扩大保险的覆盖面，激发农业保险产品创新，提高保险业服务农村经济社会发展的能力。

（4）有利于促进农村金融市场的培育和发展，增加金融支持农产品创新供给，为农村经济社会协调发展提供全面的金融服务。

（二）农业保险的经营机构

目前，经营农业保险的主要保险公司可以分为两类：一类是中国人民财产保险股份有限公司、中华联合保险控股股份有限公司、中国大地财产保险股份有限公司等综合性保险公司，农业保险品种较为丰富、覆盖范围较广；另一类是吉林的安华农业保险股份有限公司、黑龙江的阳光农业相互保险公司、安徽的国元农业保险股份有限公司、上海的安信农业保险股份有限公司等专业性农业保险公司，这些保险公司一般都是以所在省份为中心，辐射全国，开展农业保险经营。

（三）农业保险的申办程序

如何选择农业保险？投保农业保险应当做哪些事前准备工作？如何进行投保？应当注意哪些问题？这里从农业保险投保前准备、投保流程、投保注意事项等方面进行详细解答。

1. 投保前的准备

在农业保险投保前，应与当地相关农业保险公司联系并充分沟通，了解相关农业保险信息，以此来选择适合自己生产经营需求的农业保险。

（1）当地经营农业保险的保险公司有哪些？各自都有哪

些农业保险品种？哪种险种适合自己的生产经营情况？

(2) 所需的农业保险品种投保的条件是什么？相关保费是多少？保险金额是多少？承保的风险有哪些？理赔程序是什么？

(3) 所需的农业保险品种是商业性保险还是政策性保险？若是政策性农业保险，则保费补贴是多少？补贴比例是多少？以及相关的优惠措施是什么？

(4) 农业保险条款的内容是什么？尤其要了解保险标的、免责条款、双方权利义务等重要信息。

2. 投保流程

第一步，投保人向保险公司提出投保申请，并填写保单；第二步，保险公司受理保单，并对投保人等资料进行查验，查验保险标的是否符合投保条件、保险标的实际情况是否与保单填写相符等信息，确定是否承保；第三步，等保险公司确定承保后，投保人缴纳保险费；第四步，保险公司出具保险单；第五步，投保人签收保险合同。

3. 投保注意事项

(1) 应当选择正规农业保险经营机构或保险业务员办理保险合同，以免上当受骗。

(2) 应当仔细阅读农业保险合同，存有疑问的地方一定要及时咨询。

(3) 农业保险投保完成后，应妥善保管相关单据：保险单、缴费发票、附带农业条款以及相关部门出具的防疫、健康、死亡原因等证明。

(4) 农业保险投保后，并不意味着所有灾害都能得到赔偿和所有的投入都能弥补，因此，仍然需要认真管理经营，积极采取有效措施防范风险。

（四）农业保险的理赔程序

农业保险理赔是指农业保险标的发生保险事故而使被保险人财产受到损失或人身生命受到损害时，或保单约定的其他保险事故出险而需要给付保险金时，保险公司根据合同规定，履行赔偿或给付责任的行为。

1. 报案

一旦遇到灾害事故，投保农民应及时向保险公司客服或者通过村协保员、乡镇保险代理员向保险公司报案，同时保护好标的物和灾害事故现场。

2. 查勘定损

保险公司在接到投保农户报案后，应在24小时内组织相关人员进行现场查勘，因不可抗力或重大灾害等原因难以及时到达的，应及时与报案农户联系并说明原因。查勘结束后，保险公司应及时定损，并做到定损结果确定到户。

3. 立案

保险公司应在确认保险责任后，及时立案，并根据查勘定损情况及时调整估损金额。

4. 理赔公示

农业生产经营组织、村民委员会等组织农户投保种植业保险的，保险公司应将查勘定损结果、理赔结果在村级或农业生产经营组织公共区域进行不少于3天的公示。保险公司根据公示反馈结果制作分户理赔清单，列明被保险人姓名、身份证号、银行账号和赔款金额，由被保险人或其直系亲属签字确认。农户提出异议的，保险公司应进行调查核实后据实调整，并将结果反馈。

5. 核赔

保险公司对查勘报告、损失清单、查勘影像、公示材料等关键要素进行审核。

6. 赔款支付

保险公司应在与被保险人达成赔偿协议后 10 日内支付赔款。其中，农业保险合同对赔偿保险金的期限有约定的，保险公司应当按照约定履行赔偿保险金义务。

第十章　案　例

案例1：探索农业生产托管　助力现代农业

近年来，山西省积极探索，大胆实践，涌现出一批耕、种、防、收单环节托管、多环节托管或全程托管的典型，架起了小农户与现代农业有效衔接的桥梁，促进了现代农业发展。2019年农业生产托管覆盖11个市、81个县（区），培育农业生产托管主体3.2万个，辐射带动托管面积1 850万亩，服务小农户87.6万户。据测算，试点区域全程托管后，粮食亩均增产20%、亩均节本增收350元以上、托管服务主体收入增加20%，取得了粮食增产、农民增收、农业增效的明显效果，促进了小农户与现代农业发展有效衔接。

一、促进增产增效　实现绿色发展

2020年6月12日，运城市新绛县农业生产托管服务中心，种植大户晁贞良轻点鼠标，墙上的大屏幕上立刻出现了正在地里收割小麦的农机作业信息：车牌号码、车主姓名、作业地址、作业深度、作业速度、作业面积等。晁贞良介绍说："这台牌号为晋0809802的农机当前正在泉掌镇泉掌村收小麦，今天要收8.29亩小麦。"

新绛县农业生产托管服务因地制宜选择农业生产关键且薄弱，单个农户做不了、做不好、不愿做的环节进行支持，农民可以选择阶段托管也可以选择全程托管，托管服务中心的300余台农机设备，全部安装了GPS系统，托管中心按照属地化作业原则，对农机作业进行统一调配。村级联络人在本村联系的托管业务，汇总到乡镇服务站，各乡镇服务站最终汇总到县级服务中心，中心根据托管面积、作业类型和土地位置进行农机分配、实施作业，避免了农忙时节“人机信息不对称”问题。

2017 年 8 月，中央财政支持山西省开展农业生产托管试点工作以来，山西省农业生产托管围绕“耕、种、防、收”等环节，把病虫害统防统治、农作物秸秆还田等关键和薄弱环节作为托管服务的重点内容，一方面提高了农业综合效益，另一方面也促进了绿色发展和资源的可持续利用。2019 年山西省农业生产托管覆盖 11 个市、81 个县（市、区），培育农业生产托管主体 3.2 万个，辐射带动托管面积 1 850 万亩，服务小农户 87.6 万户，农户们高兴地说“有了田保姆”。

开展托管服务后，小农户的地实现了集中连片耕种，田埂消除增加了耕作面积，改进农业生产方式提高了亩产，收获烘干仓储环节减少了损耗，粮食增产效果明显。寿阳县嘉禾公司采用大型机械进行集约化田间管理，玉米亩产达到 1 092 千克，比周边增产 250 千克以上；新绛县三泉镇双陀村村民王健林告诉记者：“原来种一亩玉米费用为 200 元，托管后费用为 140 元，而且人家机械化作业比我自己种每亩增收 100 元左右。我现在将 4 亩地完全托管给合作社了。”

据调查，万荣县托管麦田除草、病虫害统防统治，亩减少农药用量 20%～30%；屯留区托管种肥同播、病虫统防统治，减少化肥、农药施用量，提高了肥效和药效。

二、解放劳动力　助小农户致富

“你外出挣钱，我代你种田”，如今农业生产托管成为好多农民的主动选择。不仅实现粮食增收、农业增效，更给一些农村留守妇女、留守老人解了燃眉之急，也解决了一些农民不愿种地、不擅种地的问题。

李保俊是新绛县三泉镇白村人，60 多岁，孩子都在外地工作，他把自己的 2 亩地托管给合作社后，自己又在合作社找了一份工作，他说："一年能收入 3 万余元，比自己种地强。"李春所是新绛县北张镇李家庄村人，经营着 7 台农机，把自己的 11 亩土地托管给了珍粮合作社，同时自己和 7 台农机加入合作社共同经营，收入大大提高，"我不用分散精力种地了，专心经营农机，挣得比以前多多了。"

据对万荣县、翼城县、曲沃县 3 个县全程试点区域数据测算，通过降本增收、提质增收实现农户亩均增收 350 元以上。寿阳县通过农业生产托管消除田埂、种肥统供、集约化田间管理全程托管，玉米亩均增产 250 千克。石楼县依托种植专业合作社与农户签约，实现土地托管、生产托管、经营托管，有效解决了农村劳动力短缺、种地难，以及移民搬迁后空壳村土地撂荒等问题，稳定增加了贫困户收入。托管后的土地，每亩玉米平均增产 60 千克，增加经济收入 108 元。截至 2020 年 6 月底，受益贫困户 430 户。洪洞县农户亩均节本增效 22%，服务型合作社增收 20%。晋中市榆次区永岗农机合作社在东阳镇 3 个村 5 500 亩集中连片推进，成本节约 30% 以上。

农业生产托管始终把小农户作为支持的主要对象，始终把集中连片规模化生产作为托管服务的关键，引导小农户通过托管实现规模化生产，使小农户的利益实现最大化。

三、社会化服务促进乡村振兴

农业生产托管作为农村社会化服务最关键的一个方面，不仅服务了小农户，提升了农业生产的效率和效益，还将农业生产与龙头企业对接起来，加速了一二三产业的融合，促进了乡村振兴。

山西省健全相关管理制度，进一步规范了生产托管服务。省农业农村厅、省财政厅印发《农业生产托管试点项目绩效评价办法》，明确项目管理负面清单，从投入、过程、产出、效果4个方面对项目进行综合评价，按照评价得分，实行增资、减资和不合格退出机制。颁布了《农业生产托管服务规范》地方标准，从服务方式、服务内容、服务质量标准等方面进行规范管理，推动农业生产托管步入健康发展快车道。

在项目实施中，山西省各地因地制宜，从实际出发，探索推广了不同的农业生产托管模式，起到了典型示范引领的作用。翼城县探索建立“县级联合体+乡级托管站+村级服务站+农户”服务体系，实行耕种防收全程托管，成功入选全国首批20个典型案例；洪洞县“五位一体”“田管家”模式，推行网格化管理，全县托管面积达到48.5万亩。寿阳县南燕竹镇南燕竹村“党支部+合作社+服务组织+农户”模式，每年为社员分红40多万元，增加村集体经济收入3万元；长治市屯留区与邮储银行、农担公司合作，探索成立“农业生产托管服务协会+粮食行业协会+托管服务中心+农户”模式，较好解决了托管服务主体资金短缺的问题；吉县“公司+农户”模式，保证盛果期果农亩纯收入不低于2 000元，带动374户建档立卡贫困户脱贫增收；曲沃县史村镇秦岗村村集体通过“五统一”农业生产托管服务模式，实现了农民、农机户、村集体互利共赢。

资料来源：山西日报，2020-06-29。

案例2：企业+合作社+农户抱团发展　唱响“富民曲”

2020年8月12日电　初秋的江津区永兴镇黄庄村，漫山遍野的红高粱，犹如一支支火把迎风飘扬，到处都洋溢着丰收的喜悦。

一、搭上致富快车　农户干劲十足

在江小白高粱产业园里，韩云礼正准备着收割高粱。2019年，他把3亩地流转出去后，在合作社从事田间管理工作。韩云礼介绍，他加入合作社以来，不但学到了技术，还搭上了“订单农业”的致富快车，从过去的“单打独斗”到“抱团发展”，让他干劲十足。

黄庄村以传统种植养殖为主，主导产业为种植水稻、油菜和高粱，拥有9个农业经济合作社，实施乡村振兴战略有基础有条件。近年来，永兴镇以黄庄村为重点，大力发展生态、特色、循环农业，不断优化产业发展布局，加快生态农业、龙头企业建设步伐，通过“企业+合作社+农户”报团发展，走出一条“特色一产、三产联动”的现代农业发展之路。

二、增强“造血”功能　完善产业生态

“实施乡村振兴，重点在产业振兴。实现产业振兴，前提要实现产业融合。”永兴镇党委书记马中学介绍，黄庄村依托重庆江记农业科技有限公司，以江记酒庄每年上万吨高粱需求量为市场支撑，大力发展优质粮油种植。通过企业流转、

订单农业等多种方式，鼓励引导群众实施了5 000亩优质油菜、高粱套种。该村通过高粱油菜的轮种，一方面土地得到充分利用，解决了江记酒庄高粱的部分需求；另一方面江记酒庄的酒糟也可作为生态牧场畜禽养殖的食物原料，发展健康养殖业。通过牧场与规模养殖相结合的模式，打造“牲畜—沼液—有机种植—加工”模式，将牧场的粪便通过发酵、除菌转变为有机肥，用于高粱生产，构建种、养有机结合，生产、加工、收储、销售于一体的产业链，完善了产业生态，实现了循环农业的发展。

在江记农业科技有限公司带动下，在村民小组组建种植合作社，先后成立了么石塔、石塔沟和谷山庙3个专业合作社，大力宣传和发动农户以土地入股，合作社以资金入股，采取“公司+合作社+农户”的运营模式，通过订单农业的方式，实现合作社统一标准、统一种子、统一服务、统一包装、统一品牌、统一销售、统一加工，江记农业按每亩300元补贴合作社，同时对油菜、高粱实施保护价订购，当年净利润的20%与股民实行二次分红；通过利益联动的创新机制，实现利益共享和风险共担，形成产业的联合体，实现资源变资产，资金变股金，村民变股民，让村民的土地达到最大收益化，实现可持续增收，增强“造血”功能，带领群众增收致富。

三、推广“订单农业” 农民吃上“定心丸”

企业下订单，农户只需要按订单种植，这样的生产模式不仅省心省力，更让农民吃上了“定心丸”。

“我早就不用拉着油菜、高粱跑市场了，以前是先种后卖，一到销售季就发愁，现在手中有订单，种地心不慌。”周均晃了晃手里的合同说，这是一份收购合同，里面明确了最低保护价，企业收购农产品时会设置保护价格，对农产品进行兜底收购。

“订单农业”从市场端帮助农户解决了农产品销售瓶颈，同时通过支付土地流转费用买断土地使用权，为农户生产进行兜底。入社村民可以获得土地流转金、种植收入双重收益；合作社提取部分产品提成作为收益；第三方企业获得优质产品，获取更高收益，实现了“三赢”局面，促进了农业增效、农民增收。同时还可以实行多种农作物轮作，大大提高了土地利用率，为实现乡村振兴注入了活力。

通过“合作社+公司+农户”生产模式，黄庄村已实现土地流转约 2 500 亩，每年土地租金收入 125 万元。土地流转进一步解放了劳动力，群众在当地企业务工，从事简单的农业生产，收入一般 70～150 元/天。同时，依托油菜和高粱无缝连接的轮种模式，总收入 560 多万元，除去租金、人工、农药、肥料等成本，预计 3 年后可实现年盈利 250 万元。

另外，江津区永兴镇还陆续打造黄庄文化广场、乡村土货集市、增加体验项目、亲子采摘、亲子农场等，不断完善基础设施，提升游客体验，每年 3 月的菜花文化旅游节吸引游客 20 多万人，仅菜花节一个月每年就带动周边群众收益 400 余万元。

资料来源：人民网–重庆频道，2020–08–12。

案例 3：依托优势产业支撑的“彭山模式”

四川省彭山区通过创新性实践探索，形成乡村振兴战略下小农户与现代农业有机衔接的“彭山模式”，为全面深化这一重要领域的改革实践提供了极其重要的典型借鉴。

彭山区是第二轮全国农村改革试验区，也是四川省城乡融合发展综合改革试点区。针对小农户向现代农业转型发展面临的一系列挑战性矛盾，“彭山模式”以瞄准小农户现实需求，依托优势产业支撑，通过“系统要素集成、多元改革赋能、精准政策创新”三向发力，有效促进小农户与现代农业深度融合发展，具有广泛推广价值。

一、构建以小农户为扶持主体的要素保障机制

彭山区通过就业带动、保底分红、股份合作等方式，推进“农户+合作社+村集体”“农户+公司+园区”等模式，让小农户有效分享现代农业转型红利。建立利益分享模式，率先探索财政资金投入形成固定资产由龙头企业或合作社有偿使用，农户量化股份后持股参与分享经营红利。探索产业链增值共享模式，公义镇新桥村由村集体经济组织、家庭农场联盟、园区业主和社员等154名成员共同出资建立农产品集配中心，并进行股权量化，实现多方共享产业链延伸的增值红利。构建农业产业联合体带动模式，以农业产业联合体为引领，推动农业企业、专业合作社、家庭农场等经营主体一体化发展，带动农户增收致富。

二、构建以本土乡村精英为重点的人才培育机制

彭山区以本土乡村精英为重点，充分利用本土人才资源。建立协会、联盟等专业性组织，为乡村精英开拓提升本地产业提供重要平台，使其依托农村熟人社会的社会网络，示范性地引领帮扶周边农户，形成效率更高和稳定性更强的带动

效应。探索构建本土人才培养的三级人才库机制，制定《新型职业农民三级人才库管理办法》，按照培育储备一批、培训提高一批、吸引发展一批的思路，实行分类培育，全面提升农民从业能力。大力推进新型职业农民培育，按照“示范培训+分类培育+导师帮带”方式，遴选职业农民进行为期一年的精准化培育，得到社会广泛认同。

三、构建以乡土能手和合作社为主导的技术供给机制

彭山区创新农业技术推广体系，以典型农户培育发挥示范带动作用，引领小农户技术更新与变革。建立农技人员与乡土种田能手农业人才“一对一”的帮扶制度，由农技员指导做好品种更新、新技术推广工作，并纳入年度考核。建立一套新型职业农民的认证、培训、激励、扶持制度体系，在技能培训、产业扶持、养老医疗保险、贷款贴息、学历进修等方面累计补贴资金达300万元。强化不同类型的专业合作社技术服务功能，对合作社开展技术培训、技术指导和技术服务提供专项政策支持，使其成为带动小农户改进生产经营方式的重要组织载体。

四、构建以内生性发展为导向的社会化服务机制

彭山区十分重视充分激发农户内生发展动能，构建稳定性更强的低成本的社会化服务体系。创新“三级土地预推—风险前置审查—平台公开交易—出险应急处理”土地流转四步机制，由国有农业投资公司对土地流转进行管理督导，全程高效服务并化解流转风险。创新整合涉农补贴与社会化服务提质，为社会化服务组织精准提供补贴，提升农业社会化

服务水平。目前，全区培育各类农业社会化服务组织的服务内容涵盖土地托管、育苗育种、病虫害统防统治、电商物流、劳务服务等产前、产中、产后多个环节。

五、构建以改革赋能为突破的政策支持体系

彭山区以顶层制度设计保障要素系统供给，以多元改革协同推进形成政策的叠加效应。创新家庭农场培育的各项政策。出台《培育壮大农民专合社和家庭农场九条措施》《星级家庭农场认定管理办法》等政策，重点培育壮大有发展潜力、有示范带动作用的新型农业经营主体。深化“两权抵押”试点。构建农村土地经营权抵押贷款“产权交易—产权评估—风险缓释—产权处置—产品创新”五大体系，全方位满足农户贷款需求。创新农业特色保险。创新推出特色水果保险，农户只承担35%的保费，其余均由财政补贴。在赔付方面，自然灾害最高赔付达6 000元/亩，并确保每亩经营收入不低于当年市场监测价格。

资料来源：农民日报，2021-02-20。

案例4：促进小农户振兴的“蒙城样本”

安徽省亳州市蒙城县把小农户振兴放在优先位置，创新了“六化”协同振兴小农户机制，全方位、多层次贯通为农服务“最后一公里”，促进小农户与现代农业对接，探索出了传统农区促进小农户振兴的“蒙城样本”。

一、推进土地规模化

土地规模化是提高农业生产和经营效率的基础，但长期以

来土地的“小零散碎”制约了小农户与现代农业对接。针对这一“痛点”，蒙城县从2013年起，在保持农村土地承包经营制度长久不变的框架内，启动了“小块变大块，一户一块田”改革。在遵循农户意愿的前提下，发挥政府引导和村组协调作用，“行政流、市场流、法律流”多向发力（行政流强调政府因势利导，市场流强调发挥市场作用，法律流强调城乡土地同权同价），协同推进。按照“两次抓号、互换并块”的方式，实现耕地化零为整和户内规模化。截至2019年年底，全县265个村中，有263个村、5 210个村民组进行了“一户一块田”改革（其中整建制完成的村102个），共合并承包土地170万亩，小农户承包地块数量减少70%~80%，耕作成本减少20%~30%。“一块田”以户内规模化撬动土地流转市场化，盘活了农村耕地资源，增强了大型农机装备作业能力，提升了农业生产综合农事托管水平，催生了一批带动能力强的新型经营主体，疏通了小农户与现代农业对接的“经络”，打造了“稳定农户承包权、放活土地经营权”的升级版。蒙城的这项改革，入选了“改革开放40年地方改革创新40案例”。

二、推进农民组织化

蒙城县着力培育农民合作社，构建政府、市场、社会“三位一体”的农民合作发展机制。通过引导小农户嵌入专业合作社、专业合作社嵌入村股份合作社、村股份合作社嵌入大市场，构建“三重嵌入”和“上下联动”的农民组织体系，提高农民的组织化程度。全县已组建专业合作社4 000多家、村股份合作社281家，每家专业合作社平均有社员122户，带动小农户317户；每家村股份合作社参股合作社4~6家。专业合作社通过资本合作、劳动合作、契约交易等与小农户联结，村股份合作社通过资本合作与合作社联结，并通过农民参与、盈余分配等与小农户联结，小农户通过专业合作社和村股份合作社顺利进入大市场，既发挥了村股份合作社的组织优势，又发挥了专业合作社的产业优势。政府、市场和社会共同发挥作用，村股份合作社、专业合作社和小农户抱团取暖，破解了小农户单体规模小、功能弱、风险抵御能力低的难题，形成了在现代农业的蓝海上“众人划桨开大船”的集体力量。

三、推进产业链条化

新常态下的市场竞争不仅是主体之间的竞争，更是整个产业体系、产业链条以及产业配套能力的竞争。蒙城县用产业链的思维统筹工业化和农业产业化发展，重点推进现代农业及农副产品加工业。引进和培育安徽精益城、兴农绿巨人等一批龙头企业，鼓励支持其延伸产业链条，多种形式带领小农户融入，分享产加销各环节的利益。为了发展茨河低洼地“稻虾（渔）共作”，引进了湖北华虾科技等5家企业，与立仓镇及周边乡镇农民建立利益共同体，建设了6万亩基地，从虾苗、饲料、病害防治、捕捞、加工到水稻绿色飞防、稻虾销售再到水生态旅游，不断延长产业链。立仓镇这一链条上的贫困户，户年均增加3 000元收入，大户年纯收入最高达到40万元，小小龙虾“蹦”出了大效益。2020年上半年，为应对新冠肺炎疫情影响，稳定产业供应链，蒙城县在六大重点产业链推行“链长制”，分别由县四大班子一把手和县委副书记、常务副县长任总链长，6位分管负责同志任分链长，10多个单位参加，分类分业精准施策，统筹推进产业链招商引资、项目建设、人才引进、市场开拓等，有效促进了链条主体集聚发展和协同增值。

四、推进产能市场化

蒙城县在农业供给侧结构性改革中，把政府调控与市场化机制结合起来，推进农业产能市场化。首先，发挥规划、政策、资金的调控作用，引导新型经营主体以市场为导向调整种养结构、生产方式，统筹发展优质专用小麦、蔬菜、林果经济、湿地经济、休闲农业，多主体共建基地，发展订单农业。其次，通过建立大市场、扶贫工厂、现代农业产业园、三产融合基地和电商网络，培育发展新业态、新动能。建立了全国首家新发地县级农产品批发市场，以此为依托建立县农产品电商中心，带动邮乐购、益农信息社、快递网点覆盖镇、村，形成线上线下结合的市场网络，推动100多个农产品出村进城。去年，全县农产品网销额7.2亿元，同比增长110%。同时，围绕市场需求，加强农业产能基础设施投入，支持粮食烘干、钢构仓储、农机库棚、冷藏库等设施“短板”建设，服务小农户发展现代农业需求。2019年，在全县启动了三级农产品冷链物流体系建设（县和乡镇分别建设一、二级冷链物流中心，农产品基地建设田间仓储设施）。规划的18处农产品冷链物流中心委托县农投旗下兴农公司统筹建设和出租给龙头企业或种植大户。首期投资的1.7亿元已建成库容为3万吨的大、小型冷藏库8个，不仅助力小农户打好农业生产的时间差、空间差、价格差，还带动了小农户就地就近从事蔬果的清洗、分拣、加工、包装等，使政府推进产能市场化的作用得到有效发挥。

五、推进服务社会化

传统种植业在很长一段时期内仍占相当大的比重，如何将小农户从繁重、繁杂的传统生产中解放出来，是乡村振兴必须解决的问题。蒙城县的做法是通过“政府主导、市场运作、整村落地”，推行农事综合托管服务。在总结多年“人地机结合、耕种收一体”农机托管经验的基础上，推进农机托管向农事托管跃升，服务范围向农资供应、机械化植保作业、秸秆打捆离田等农事服务环节延伸，耕种收“三统一”扩展为耕、种、供、管、收、售“六统一”。目前，县域265个行政村全部实行了农事托管，有40%的行政村实行了综合农事托管，参与综合农事托管的农机服务组织228家，签订托管协议面积194.8万亩，签订综合托管协议面积64万亩，实现了农民节本增效（每亩20元）、机手收入增加（年收入由4万元增加到7万元）、农事企业发展后劲增强和秸秆禁烧与综合利用100%的目标。综合农事托管为小农户提供了全链条的社会化服务。在产前，提供选种服务，从源头上解决“谁来种”“种什么”的问题；在产中，提供全程指导服务，精准把控“怎么种”“怎么管”的问题；在产后，提供定向销售服务，一体解决“卖得出、卖得快、卖得好”的问题，实现了农民、企业和政府“三满意”。这种综合农事托管，弥补了农业社会化服务体系的缺口，加快了农业生产规模化、专业化、集约化的进程。

六、推进产品绿色化

民以食为天，食以安为先。随着温饱问题的解决，人们对“吃”的追求从“吃得饱”转为“吃得好、吃得安全营养健康”，对绿色农产品的需求大大增加。为适应这一消费趋势，蒙城县从绿色供应链整合入手，推动农产品绿色化，有效对接高端市场。为此，接续开展创建全国农产品质量安全示范县、农产品质量安全追溯民生工程，加大绿色农产品补贴力度，“产出来、管出来”两手抓，引导和规范新型经营主体投入绿色生产、绿色包装、绿色加工、绿色物流等。去年共培育19家“三品一标”获证企业，完成率100%；带追溯二维码上市19批，完成率100%；完成检测数据47 403条，完成率445.1%。安徽精益诚公司以绿色蔬菜出口为导向，在小辛集乡、双涧镇建设绿色蔬菜生产基地6 000亩，通过基地示范、绿色技术服务和契约交易等形式带动小农户开展测土配方施肥、绿色统防统治、废弃物回收等，发展绿色农业。公司种植加工基地的蔬菜常年供应上海市场，23个产品出口日本、加拿大、欧盟等国家和地区，实现了内外“双循环”。该公司绿色生产基地直接带动了6个村的小农户3 000多户，户年均增收2 000多元。2020年3月，蒙城县与上海市签订了蔬菜主供应基地框架协议，首批3个品种的优质蔬菜进入了上海市民餐桌。

蒙城县推进和实施的“六化”协同，是一项具有深刻意义的改革创新，它并不是孤立的改革，而是综合的改革、系统的改革和集成的改革。其中，土地规模化是抓基础，农户组织化是抓载体，产业链条化是抓增值，产能市场化是抓需求，服务社会化是抓保障，产品绿色化是抓供给。“六化”协同改革设计缜密，无缝对接，协同发力，打通了为农服务的“最后一公里”，探索出了弱质小农户与大市场、产业链和社会化服务有效衔接的路径。蒙城县这种小农户对接现代农业的做法，为乡村振兴提供了一个范例，值得研究借鉴和推广。

资料来源：农民日报，2020-07-30。

案例5：带动小农户与现代农业有机衔接的“绿能模式”

安义县的江西省绿能农业发展有限公司，经过近10年的探索，逐步打造出以农业生产托管服务为纽带的龙头企业、合作社、家庭农场、农户多方利益联结的“绿能模式”，带动传统小农户转变成拥有租金、薪金、奖金、股金的“四金现代农民”。2018年，公司总产值达到1.15亿余元，农业生产托管面积15.8万亩，累计发放超产奖金2 037万元，带动800多户贫困户脱贫致富，人均增收3 000多元。

一、主要经验及成效

（一）“四金”构建利益联结机制

务工有薪金。公司、合作社为小农户提供就业岗位，每月薪金约5 000元。

流转有租金。公司、合作社通过农村综合产权交易平台公开流转小农户承包地，流转租金由2010年的200元/亩，提高到500元/亩，高出零星流转市场价格200元/亩。

超产有奖金。制定合理产量标准，早稻350千克/亩、晚稻400千克/亩（再生稻300千克），开展绩效考核，奖优罚劣，对超出设定的目标产量部分，分25千克/亩以下和25千克/亩以上两个档次，分别按以每千克1元、2元的标准发放超产奖励。如2016年“种粮状元”刘高美获得了35万元的超产奖。

入股有股金。鼓励以土地经营权加入农民专业合作社，合作社全委托给绿能公司经营，近年来加入了农民专业合作社的小农户和贫困户均获得了100元/亩盈余再分配。

（二）全程生产托管促进农业增效

以种植中稻为例，从种子、化肥、农药等农业物资供应，到机耕、机插、机收，稻谷烘干等生产环节的全程托管，推广良种、化肥农药减量、病虫害统防统治等先进农业技术，实现标准化生产。一方面托管费用980元/亩较托管前降低了近12%，另一方面托管后达到产量650千克/亩以上，较托管前提高了约13%。

（三）多举措搭建风险防控机制

绿能公司不断加强作业能力建设，目前农机保有量达到140台套，全年可完成机耕面积9万亩、机插面积1万亩、机收面积9万亩，有效仓容达到2万吨，日烘干860吨，年加工大米10万吨的能力，有效满足了小农户、经营主体的生产经营需求。建立了高于市场价10%的订单生产制度，即以高于市场10%的价格收购小农户生产的稻谷，有效保障了小农户应对稻谷市场价格下跌的风险。公司为托管经营的土地全部购买了政策性保险（4.5元/亩）和商业保险（30元/亩），实现每亩最高保额可达800元，有效规避了自然灾害风险。

（四）订单生产形成抱团发展

在统一优质品种、生产标准的基础上，公司以高于市场10%~15%的保底价进行收购，实现订单生产，统一加工和品牌经营，打造三好（好看、好吃、好安心）、五零（零香精、零色素、零污染、零陈米、零掺杂）标准的“绿能大米”“凌继河大米”品牌，实现产品质量的可追溯，受到市场的一致好评，基本形成了优势互补的抱团发展模式。

二、“绿能模式”经验启示

“绿能模式”为如何引导小农户与现代农业有机衔接提供了有益经验探索，为乡村产业振兴积累了经验，闯出了路子，提供了学习样板。

（一）激发了农村基本经营制度的内在活力

“绿能模式”始终坚持农村基本经营制度，尊重小农户意愿，构建了较完善的小农户+家庭农场+农民专业合作社+龙头企业间的利益联结机制，实现了小农户与经营主体间的联合与合作，带动小农户、家庭农场、农民专业合作社、龙头企业共同发展。

（二）提升拓宽了小农户的生产经营水平和增收渠道

“绿能模式”基本实现了以小农户为主的品种、农业投入品、生产技术、生产加工、品牌销售等统一的生产经营模式，与江西农业大学、国家杂交水稻研究中心等院校及科研机构建立合作关系，选派小农户学习进修，开展小农户技能培训，提高技术水平，实现了有品种、有技术、有产品、有品牌的生产经营，切实提升了小农户的生产经营水平。在保障务工薪金、流转租金的基础上，创造性提出了超产奖金，引导小农户以土地经营权加入农民专业合作社获得“股金”，进一步拓宽了小农户的增收渠道。

（三）打造了保障农产品质量安全的样板

“绿能模式”基本实现了农业规模集约化经营、标准化和绿色化生产，建立了“绿能大米”“凌继河大米”两大品牌，其中“绿能大米”已通过无公害食品认证、有机食品认证，应用物联网技术，建立了农产品质量安全追溯体系，实现了“从农田到餐桌”的全程绿色发展，打造了保障农产品质量安全的样板。

资料来源：江西农业，2019（13）。

案例6：“小水电　大民生”

——遂昌县垵口乡群力水电站助力农户增收

浙江省遂昌县垵口乡群力水电站位于十四都源干流上，大坝位于垵口乡黄大山口，厂房位于垵口乡垵口村，距遂昌县城区30千米。坝以上总集水面积14.2千米^2，水库为设计正常水位21米，正常库容9.66万米^3，总库容9.66万米^3。电站设计水头227米，最大利用水头227米，发电流量1.602米^3/秒，装机容量2 400千瓦，年利用小时2 400小时，多年平均发电量580万千瓦时。

群力水电站于2007年12月开工建设，2009年5月建成投产，2009年5月完成竣工验收，工程总投资1 393万元。电站枢纽主要建筑物有拦河坝、发电输水隧洞、压力管道、发电厂房、升压站、输电工程、过鱼设施等。水库大坝为细骨科砼砌块石抛物线拱坝，最大坝高21米，坝顶宽2.7米，坝顶溢流段长35米。

群力水电站的建设和发展过程中，得到了市、县各级领导的关心和支持。省水利厅、时任丽水市委常委、组织部长胡侠，遂昌县委书记张壮雄等领导先后对电站进行实地考察和指导，对水电站的建设和发展作出重要指示。2019 年 3 月 29 日，国家水利部组织新华社、人民网、中国能源报等多家中央媒体记者，到垵口乡群力水电站调研采访生态水电建设工作，充分肯定了群力水电站助力农村集体经济消薄和群众增收工作成效。

群力水电站是一个典型的“民生电站”，其生产的水电是垵口人民的富民产业。为发展壮大村集体经济，2007 年，本着资源富裕村带动资源贫乏村、实现资源共享的原则，通过水电资源开发，采取由资源所在地村（垵口村）控股、其他集体经济薄弱村和垵口村生产队组及农户参股的“垵口模式”筹建群力水电站。其中垵口村集体投资 178 万元，其余 7 个行政村每个村投资 10 万元。为带动当地村民共同致富，垵口村还为本村村民提供每人 6 000 元的股份投资份额，参与投资农户达到 136 户，500 余人，人均分红能达到 20%，充分带动了当地群众脱贫致富，助力 8 个村集体经济“消薄”，4 500 人脱贫。群力水电站项目的实施，实现了富村携穷村、发展资源共享、集体经济与农民收入共同增长的多赢局面。群力水电站案例在全省扶贫开发视频工作会议上，被作为消薄典型材料进行交流。2014 年，垵口村尝试探索群力水电站股权反担保的农村贷款新模式，由农户提出贷款申请并与群力水电站签订反担保合同，以电站股权抵押给群力水电站，群力水电站统一为符合条件的农户提供保证，遂昌农商银行垵口支行审批后发放贷款并给予利率优惠，进一步拓宽了农户融资渠道，解决了村民融资难、贷款难、担保难等问题。2018 年，垵口乡成立农村集体经济发展有限公司，开发联建项目垵口村朱口电站和兴达电站，由石仓、葛程、徐村、乐山头4个村抱团入股。2019年上半年，4个村联建项目分红均已到账。近两年来，垵口乡充分发挥生态优势，做足“水资源+”文章，通过实施水电站联建项目、鼓励村集体和个人参股小水电开发、小水电资源共享抱团发展等形式，走出了一条立足农村小水电壮大村集体经济发展的新路子。

群力水电站以水为媒，点绿成金，变“输血”为“造血”，每年为村集体经济注入稳定的“源头活水”，很好地实现了水生态产品价值转换。“小水电”不仅壮大了村集体经济，鼓足了老百姓的“钱袋子”，更提升了群众的幸福感，是“大民生”、大实事。稳定的村集体经济收入，推动了村项目工程等公益事业建设，村容、村貌颜值不断刷新；农村群众医疗保险、农房保险、育龄妇女体检等民生事业稳步推进，切实让广大群众共享了小水电绿色发展带来的福利。

农户增收的步伐永无止境。遂昌县将继续深入践行“两山”发展理念，用好垵口乡“水电”这把“消薄金钥匙”，努力实施水电站示范化建设提升工程，切实让水电站的水电成为群众的生态产业、富民产业和惠民产业，加速打开“两山”转化通道，促进低收入农户和村集体经济增收。

案例7：电商扶贫模式　助力脱贫攻坚

浙江省遂昌县金竹镇距离遂昌县城约48千米，海拔250米，全镇总面积140千米^2，下辖14个行政村，含6个扶贫重点村。近年来，金竹镇党委政府认真贯彻落实中央和省、市、县各级扶贫工作相关部署，结合本镇情况，乘势“互联网+”浪潮，依托电商创客中心为辐射点，制定以电商创客中心为主平台的发展规划，推动“输血式”扶贫向“造血式”扶贫转变。

打造优质孵化平台，培育电商创业带头人。在前期“金扶直通车”先行先试探索的基础上，不断完善青年扶贫创业平台，吸引青年回乡发展。在金竹镇客货一体站三楼成立金竹电商创客中心（包括展示厅和培训中心），免费为扶贫创业青年提供场地扶持，并通过培训、资金帮扶等方式引进第一期孵化企业，由村青年大学生朱志鹏等青年团队组成微农农产品专业合作社，目前合作社已建立“小微农场”淘宝和微信两个销售平台。2017 年至今，金竹镇电商创客中心成功孵化金竹土茶、金竹山茶油等网红农特产品。

创立低收入农户“一户一码”系统，创新电商扶贫方式。全面依托“互联网+”平台，建立“赶街户码系统”，低收入农户拥有专属二维码“身份证”。通过扫描二维码获悉农户的基本信息、致贫原因、帮扶情况、种植产品以及产品销售情况等信息，同时后台系统可实时生成区域农户大数据，从多维度对低收入农户信息进行宏观统计分析。电商创客通过系统及时上门收购山茶油、土鸡、高山大米等农产品，利用赶集村货平台销售，实现 100 余名低收入农户增收近 20 万元。

建设中药材扶贫示范基地，助力农户抱团脱贫。依托自然和资源优势，大力发展中药材产业，开辟了一条以中药材产业扶贫推动乡村振兴的路子。选址在王村村西坞自然村的蛇神岗毛竹林，建设中药材扶贫示范基地。现已建有三叶青、香榧等种植基地，种植仿野生栽培三叶青 50 余亩、香榧 230 余亩。计划三年一轮生产周期，按照目前市场行情，示范基地净收益可达 300 万元以上，带动低收入农户人均年增收 1 万元以上。同时，作为业主单位，金竹镇将收取该基地 80%

的收益所得，用于本镇所有扶贫事业，实现精准扶贫的可持续性循环。

设立扶贫爱心基金，鼓励农户自主增收。为鼓励低收入农户进一步创业创收，金竹镇党委政府设立金竹镇电商创客中心扶贫爱心基金。基金的主要来源是县扶贫办的帮扶资金、电商创客中心销售每一份土茶后投入5元等，基金使用对象为本镇将农畜产品通过金竹电商创客中心平台销售、主动发展农业产业的低收入农户。设立扶贫爱心基金的初衷也是为了能激励低收入农户通过劳动实现脱贫，不断提升自身“造血”能力，从而实现脱贫致富。

案例8：农旅融合模式 助小农户增收

作为遂昌县乡村休闲旅游重点乡镇，高坪乡积极将小农户增收工作与乡村休闲旅游发展工作进行深入融合，探索“小农户增收+乡村休闲旅游发展”模式。

箍桶丘村谢新有，本人患有心脏病无法从事重体力劳动，父母年老体弱，还要负担两个女儿的学费，只靠妻子在外打工来维持生活，但谢新有自力更生，在乡村两级的帮助下，于2013年开始经营农家乐，每年有2万~3万元的收入。2019年利用省机关事务管理局结对帮扶契机，在箍桶丘村开展“稻田梦”“扶志园”项目。村集体统一流转闲置农田，打造彩色景观稻田，安排有劳动能力的低收入农户参加田间管理，并按照每千克稻米再补贴2元扶志金，鼓励低收入群众勤劳增收致富。谢新有一家通过“稻梦田”“扶志园”项目种植出售稻谷1 000多千克，同时又获得了“一元扶志”补助，实现了增收。扶志项目有效调动了低收入农户生产生活积极性，变“要我做”为“我要做”，2020年全村共有19名低收入农户报名参加，比2019年足足增加了14户，扶资、扶志、扶智“三扶”协同，帮助低收入农户实现了增收。

茶树坪村低保户黄金水夫妇，因病生活困苦，虽然有两个儿子，但都没有能力赡养两位老人。2016年，茶树坪村两委鼓励黄金水将桃源的梯田租给村里种高山大米，土地流转共3亩，每年租金收入1 500元，并雇用黄金水本人参与种植与养护，两个月下来，黄金水便能轻松在自家门口赚上5 000~6 000元，目前已有数十位低收入农户加入这个行列，他们靠自身的劳动改善了全家的生活。

参考文献

邓万春，2010. 新型农民的现代农业经营［M］. 北京：中国社会出版社.

李龙梅，2014. 现代农业与新型农业经营体系［M］. 北京：中国农业大学出版社.

马俊哲，张耀川，2016. 现代农户生产经营管理问答［M］. 北京：中国农业大学出版社.

王周锁，党战平，2016. 现代农业及经营管理［M］. 咸阳：西北农林科技大学出版社.

苑鹏，崔红志，杨一介，等，2019. 小农户与现代农业发展有机衔接路径探究［M］. 北京：中国社会科学出版社.

张晓山，李周，2013. 中国农村发展道路［M］. 北京：经济管理出版社.

附录 《关于促进小农户和现代农业发展有机衔接的意见》

党的十九大提出，实现小农户和现代农业发展有机衔接。为扶持小农户，提升小农户发展现代农业能力，加快推进农业农村现代化，夯实实施乡村振兴战略的基础，现就促进小农户和现代农业发展有机衔接提出如下意见。

一、重要意义

发展多种形式适度规模经营，培育新型农业经营主体，是增加农民收入、提高农业竞争力的有效途径，是建设现代农业的前进方向和必由之路。但也要看到，我国人多地少，各地农业资源禀赋条件差异很大，很多丘陵山区地块零散，不是短时间内能全面实行规模化经营，也不是所有地方都能实现集中连片规模经营。当前和今后很长一个时期，小农户家庭经营将是我国农业的主要经营方式。因此，必须正确处理好发展适度规模经营和扶持小农户的关系。既要把准发展适度规模经营是农业现代化必由之路的前进方向，发挥其在现代农业建设中的引领作用，也要认清小农户家庭经营很长一段时间内是我国农业基本经营形态的国情农情，在鼓励发展多种形式适度规模经营的同时，完善针对小农户的扶持政策，加强面向小农户的社会化服务，把小农户引入现代农业发展轨道。

（一）促进小农户和现代农业发展有机衔接是巩固完善农

村基本经营制度的重大举措。小农户是家庭承包经营的基本单元。以家庭承包经营为基础、统分结合的双层经营体制，是我国农村的基本经营制度，需要长期坚持并不断完善。扶持小农户，在坚持家庭经营基础性地位的同时，促进小农户之间、小农户与新型农业经营主体之间开展合作与联合，有利于激发农村基本经营制度的内在活力，是夯实现代农业经营体系的根基。

（二）促进小农户和现代农业发展有机衔接是推进中国特色农业现代化的必然选择。小农户是我国农业生产的基本组织形式，对保障国家粮食安全和重要农产品有效供给具有重要作用。农业农村现代化离不开小农户的现代化。扶持小农户，引入现代生产要素改造小农户，提升农业经营集约化、标准化、绿色化水平，有利于小农户适应和容纳不同生产力水平，在农业现代化过程中不掉队。

（三）促进小农户和现代农业发展有机衔接是实施乡村振兴战略的客观要求。小农户是乡村发展和治理的基础，亿万农民群众是实施乡村振兴战略的主体。精耕细作的小农生产和稳定有序的乡村社会，构成了我国农村独特的生产生活方式。扶持小农户，更好发挥其在稳定农村就业、传承农耕文化、塑造乡村社会结构、保护农村生态环境等方面的重要作用，有利于发挥农业的多种功能，体现乡村的多重价值，为实施乡村振兴战略汇聚起雄厚的群众力量。

（四）促进小农户和现代农业发展有机衔接是巩固党的执政基础的现实需要。小农户是党的重要依靠力量和群众基础。党始终把维护农民群众根本利益、促进农民共同富裕作为出发点和落脚点。扶持小农户，提升小农户生产经营水平，拓宽小农户增收渠道，让党的农村政策的阳光雨露惠及广大小农户，有利于实现好、维护好、发展好广大农民根本利益，让广大农民群众的获得感、幸福感、安全感更加充实、更有保障、更可持续。

二、总体要求

（一）指导思想。以习近平新时代中国特色社会主义思想为指导，全面贯彻党的十九大和十九届二中、三中全会精神，坚持小农户家庭经营为基础与多种形式适度规模经营为引领相协调，坚持农业生产经营规模宜大则大、宜小则小，充分发挥小农户在乡村振兴中的作用，按照服务小农户、提高小农户、富裕小农户的要求，加快构建扶持小农户发展的政策体系，加强农业社会化服务，提高小农户生产经营能力，提升小农户组织化程度，改善小农户生产设施条件，拓宽小农户增收空间，维护小农户合法权益，促进传统小农户向现代小农户转变，让小农户共享改革发展成果，实现小农户与现代农业发展有机衔接，加快推进农业农村现代化。

（二）基本原则

——政府扶持、市场引导。充分发挥市场配置资源的决定性作用，更好发挥政府作用。引导小农户土地经营权有序流转，提高小农户经营效率。注重惠农政策的公平性和普惠性，防止人为垒大户，排挤小农户。

——统筹推进、协调发展。统筹兼顾培育新型农业经营主体和扶持小农户，发挥新型农业经营主体对小农户的带动作用，健全新型农业经营主体与小农户的利益联结机制，实现小农户家庭经营与合作经营、集体经营、企业经营等经营形式共同发展。

——因地制宜、分类施策。充分考虑各地资源禀赋、经济社会发展和农林牧渔产业差异，顺应小农户分化趋势，鼓励积极探索不同类型小农户发展的路径。不搞一刀切，不搞强迫命令，保持足够历史耐心，确保我国农业现代化进程走得稳、走得顺、走得好。

——尊重意愿、保护权益。保护小农户生产经营自主权，落实小农户土地承包权、宅基地使用权、集体收益分配权，激发小农户生产经营的积极性、主动性、创造性，使小农户成为发展现代农业的积极参与者和直接受益者。

三、提升小农户发展能力

（一）启动家庭农场培育计划。采取优先承租流转土地、提供贴息贷款、加强技术服务等方式，鼓励有长期稳定务农意愿的小农户稳步扩大规模，培育一批规模适度、生产集约、管理先进、效益明显的农户家庭农场。鼓励各地通过发放良技良艺良法应用补贴、支持农户家庭农场优先承担涉农建设项目等方式，引导农户家庭农场采用先进科技和生产力手段。指导农户家庭农场开展标准化生产，建立可追溯生产记录，加强记账管理，提升经营管理水平。完善名录管理、示范创建、职业培训等扶持政策，促进农户家庭农场健康发展。

（二）实施小农户能力提升工程。以提供补贴为杠杆，鼓励小农户接受新技术培训。支持各地采取农民夜校、田间学校等适合小农户的培训形式，开展种养技术、经营管理、农业面源污染治理、乡风文明、法律法规等方面的培训。新型职业农民培育工程和新型农业经营主体培育工程要将小农户作为重点培训对象，帮助小农户发展成为新型职业农民。涉农职业院校等教育培训机构要发挥专业优势，优先做好农村实用人才带头人示范培训。鼓励各地通过补贴学费等方式，引导各类社会组织向小农户提供技术培训。

（三）加强小农户科技装备应用。加快研发经济作物、养殖业、丘陵山区适用机具和设施装备，推广应用面向小农户的实用轻简型装备和技术。建立健全农业农村社会化服务体系，实施科技服务小农户行动，支持小农户运用优良品种、先进技术、物质装备等发展智慧农业、设施农业、循环农业等现代农业。引导农业科研机构、涉农高校、农业企业、科技特派员到农业生产一线建立农业试验示范基地，鼓励农业科研人员、农业技术推广人员通过下乡指导、技术培训、定向帮扶等方式，向小农户集成示范推广先进适用技术。

（四）改善小农户生产基础设施。鼓励各地通过以奖代补、先建后补等方式，支持村集体组织小农户开展农业基础设施建设和管护。支持各地重点建设小农户急需的通田到地末级灌溉渠道、通村组道路、机耕生产道路、村内道路、农业面源污染治理等设施，合理配置集中仓储、集中烘干、集中育秧等公用设施。加强农业防灾减灾救灾体系建设，提高小农户抗御灾害能力。

四、提高小农户组织化程度

（一）引导小农户开展合作与联合。支持小农户通过联户经营、联耕联种、组建合伙农场等方式联合开展生产，共同购置农机、农资，接受统耕统收、统防统治、统销统结等服务，降低生产经营成本。支持小农户在发展休闲农业、开展产品营销等过程中共享市场资源，实现互补互利。引导同一区域同一产业的小农户依法组建产业协会、联合会，共同对接市场，提升市场竞争能力。支持农村集体经济组织和合作经济组织利用土地资源、整合涉农项目资金、提供社会化服务等，引领带动小农户发展现代农业。

（二）创新合作社组织小农户机制。坚持农户成员在合作社中的主体地位，发挥农户成员在合作社中的民主管理、民主监督作用，提升合作社运行质量，让农户成员切实受益。鼓励小农户利用实物、土地经营权、林权等作价出资办社入社，盘活农户资源要素。财政补助资金形成的资产，可以量化到小农户，再作为入社或入股的股份。支持合作社根据小农户生产发展需要，加强农产品初加工、仓储物流、市场营销等关键环节建设，积极发展农户+合作社、农户+合作社+工厂或公司等模式。健全盈余分配机制，可分配盈余按照成员与合作社的交易量（交易额）比例、成员所占出资份额统筹返还，并按规定完成优先支付权益，使小农户共享合作收益。扶持农民用水合作组织多元化创新发展。支持合作社依法自愿组建联合社，提升小农户合作层次和规模。

（三）发挥龙头企业对小农户带动作用。完善农业产业化带农惠农机制，支持龙头企业通过订单收购、保底分红、二次返利、股份合作、吸纳就业、村企对接等多种形式带动小农户共同发展。鼓励龙头企业通过公司+农户、公司+农民合作社+农户等方式，延长产业链、保障供应链、完善利益链，将小农户纳入现代农业产业体系。鼓励小农户以土地经营权、林权等入股龙头企业并采取特殊保护，探索实行农民负盈不负亏的分配机制。鼓励和支持发展农业产业化联合体，通过统一生产、统一营销、信息互通、技术共享、品牌共创、融资担保等方式，与小农户形成稳定利益共同体。

五、拓展小农户增收空间

（一）支持小农户发展特色优质农产品。引导小农户拓宽经营思路，依靠产品品质和特色提高自身竞争力。各地要结合特色优势农产品区域布局，紧盯市场需求，深挖当地特色优势资源潜力，引导小农户发展地方优势特色产业，形成一村一品、一乡一特、一县一业。探索建立农业产业到户机制，制订“菜单式”产业项目清单，指导小农户自主选择。支持小农户发挥精耕细作优势，引入现代经营管理理念和先进适用技术装备，发展劳动密集化程度高、技术集约化程度高、生产设施化程度高的园艺、养殖等产业，实现小规模基础上的高产出高效益。引导小农户发展高品质农业、绿色生态农业，开展标准化生产、专业化经营，推进种养循环、农牧结合，生产高附加值农产品。实施小农户发展有机农业计划。

（二）带动小农户发展新产业新业态。大力拓展农业功能，推进农业与旅游、文化、生态等产业深度融合，让小农户分享二三产业增值收益。加强技术指导、创业孵化、产权交易等公共服务，完善配套设施，提高小农户发展新产业新业态能力。支持小农户发展康养农业、创意农业、休闲农业及农产品初加工、农村电商等，延伸产业链和价值链。开展电商服务小农户专项行动。支持小农户利用自然资源、文化遗产、闲置农房等发展观光旅游、餐饮民宿、养生养老等项目，拓展增收渠道。

（三）鼓励小农户创业就业。鼓励有条件的地方构建市场准入、资金支持、金融保险、用地用电、创业培训、产业扶持等相互协同的政策体系，支持小农户结合自身优势和特长在农村创业创新。健全就业服务体系，扩大农村劳动力转移就业渠道，鼓励农村劳动力就地就近就业，支持农村劳动力进入二三产业就业。支持小农户在家庭种养基础上，通过发展特色手工和乡村旅游等，实现家庭生产的多业经营、综合创收。

六、健全面向小农户的社会化服务体系

（一）发展农业生产性服务业。大力培育适应小农户需求的多元化多层次农业生产性服务组织，促进专项服务与综合服务相互补充、协调发展，积极拓展服务领域，重点发展小农户急需的农资供应、绿色生产技术、农业废弃物资源化利用、农机作业、农产品初加工等服务领域。搭建区域农业生产性服务综合平台。创新农业技术推广服务机制，促进公益性农技推广机构与经营性服务组织融合发展，为小农户提供多形式技术指导服务。探索通过政府购买服务等方式，为小农户提供生产公益性服务。鼓励和支持农垦企业、供销合作社组织实施农业社会化服务惠农工程，发挥自身组织优势，通过多种方式服务小农户。

（二）加快推进农业生产托管服务。创新农业生产服务方式，适应不同地区不同产业小农户的农业作业环节需求，发展单环节托管、多环节托管、关键环节综合托管和全程托管等多种托管模式。支持农村集体经济组织、供销合作社专业化服务组织、服务型农民合作社等服务主体，面向从事粮棉油糖等大宗农产品生产的小农户开展托管服务。鼓励各地因地制宜选择本地优先支持的托管作业环节，不断提升农业生产托管对小农户服务的覆盖率。加强农业生产托管的服务标准建设、服务价格指导、服务质量监测、服务合同监管，促进农业生产托管规范发展。实施小农户生产托管服务促进工程。

（三）推进面向小农户产销服务。推进农超对接、农批对接、农社对接，支持各地开展多种形式的农产品产销对接活动，拓展小农户营销渠道。实施供销、邮政服务带动小农户

工程。完善农产品物流服务，支持建设面向小农户的农产品贮藏保鲜设施、田头市场、批发市场等，加快建设农产品冷链运输、物流网络体系，建立产销密切衔接、长期稳定的农产品流通渠道。打造一批竞争力较强、知名度较高的特色农业品牌和区域公用品牌，让小农户分享品牌增值收益。加大对贫困地区农产品产销对接扶持力度，扩大贫困地区特色农产品营销促销。

（四）实施互联网+小农户计划。加快农业大数据、物联网、移动互联网、人工智能等技术向小农户覆盖，提升小农户手机、互联网等应用技能，让小农户搭上信息化快车。推进信息进村入户工程，建设全国信息进村入户平台，为小农户提供便捷高效的信息服务。鼓励发展互联网云农场等模式，帮助小农户合理安排生产计划、优化配置生产要素。发展农村电子商务，鼓励小农户开展网络购销对接，促进农产品流通线上线下有机结合。深化电商扶贫频道建设，开展电商扶贫品牌推介活动，推动贫困地区农特产品与知名电商企业对接。支持培育一批面向小农户的信息综合服务企业和信息应用主体，为小农户提供定制化、专业化服务。

（五）提升小城镇服务小农户功能。实施以镇带村、以村促镇的镇村融合发展模式，将小农户生产逐步融入区域性产业链和生产网络。引导农产品加工等相关产业向小城镇、产业园区适度集中，强化规模经济效应，逐步形成带动小农户生产的现代农业产业集群。鼓励在小城镇建设返乡创业园、创业孵化基地等，为小农户创新创业提供多元化、高质量的空间载体。提升小城镇服务农资农技、农产品交易等功能，合理配置集贸市场、物流集散地、农村电商平台等设施。

七、完善小农户扶持政策

（一）稳定完善小农户土地政策。保持土地承包关系稳定并长久不变，衔接落实好第二轮土地承包到期后再延长三十年的政策。建立健全农村土地承包经营权登记制度，为小农户“确实权、颁铁证”。在有条件的村组，结合高标准农田建设等，引导小农户自愿通过村组内互换并地、土地承包权退出等方式，促进土地小块并大块，引导逐步形成一户一块田。落实农村承包地所有权、承包权、经营权“三权”分置办法，保护小农户土地承包权益，及时调处流转纠纷，依法稳妥规范推进农村承包土地经营权抵押贷款业务，鼓励小农户参与土地资源配置并分享土地规模经营收益。规范土地流转交易，建立集信息发布、租赁合同网签、土地整治、项目设计等功能于一体的综合性土地流转管理服务组织。

（二）强化小农户支持政策。对新型农业经营主体的评优创先、政策扶持、项目倾斜等，要与带动小农生产挂钩，把带动小农户数量和成效作为重要依据。充分发挥财政杠杆作用，鼓励各地采取贴息、奖补、风险补偿等方式，撬动社会资本投入农业农村，带动小农户发展现代农业。对于财政支农项目投入形成的资产，鼓励具备条件的地方折股量化给小农户特别是贫困农户，让小农户享受分红收益。

（三）健全针对小农户补贴机制。稳定现有对小农生产的普惠性补贴政策，创新补贴形式，提高补贴效率。完善粮食等重要农产品生产者补贴制度。鼓励各地对小农户参与生态保护实行补偿，支持小农户参与耕地草原森林河流湖泊休养生息等，对发展绿色生态循环农业、保护农业资源环境的小农户给予合理补偿。健全小农户生产技术装备补贴机制，按规定加大对丘陵山区小型农机具购置补贴力度。鼓励各地对小农户托管土地给予费用补贴。

（四）提升金融服务小农户水平。发展农村普惠金融，健全小农户信用信息征集和评价体系，探索完善无抵押、无担保的小农户小额信用贷款政策，不断提升小农户贷款覆盖面，切实加大对小农户生产发展的信贷支持。支持农村商业银行、农村合作银行、村镇银行等农村中小金融机构立足县域，加大服务小农户力度。支持农村合作金融规范发展，扶持农村资金互助组织，通过试点稳妥开展农民合作社内部信用合作。鼓励产业链金融、互联网金融在依法合规前提下为小农户提供金融服务。鼓励发展为小农户服务的小额贷款机构，开发专门的信贷产品。加大支农再贷款支持力度，引导金融机构增加小农户信贷投放。鼓励银行业金融机构在风险可控和商业可持续的前提下扩大农业农村贷款抵押物范围，提高小农户融资能力。

（五）拓宽小农户农业保险覆盖面。建立健全农业保险保障体系，从覆盖直接物化成本逐步实现覆盖完全成本。发展与小农户生产关系密切的农作物保险、主要畜产品保险、重要“菜篮子”品种保险和森林保险，推广农房、农机具、设施农业、渔业、制种等保险品种。推进价格保险、收入保险、天气指数保险试点。鼓励地方建立特色优势农产品保险制度。鼓励发展农业互助保险。建立第三方灾害损失评估、政府监督理赔机制，确保受灾农户及时足额得到赔付。加大针对小农户农业保险保费补贴力度。

八、保障措施

（一）加强组织领导。各级党委和政府既要注重培育新型农业经营主体，又要重视发挥好小农户在农业农村现代化中的作用，把贯彻落实扶持引导小农户政策和培育新型农业经营主体政策共同作为农村基层工作的重要方面，在政策制定、工作部署、财力投放等各个方面加大工作力度，齐头并进，确保各项政策落到实处。

（二）强化统筹协调。农业农村部门要发挥牵头组织作用，各地区各有关部门要加强协作配合，完善工作机制，形成工作合力。将推进扶持小农户发展与实施乡村振兴战略、打赢脱贫攻坚战统筹安排，推动各项工作做实做细。

（三）注重宣传指导。做好政策宣传，加强调查研究，及时掌握小农户发展的新情况新问题，系统总结小农户与现代农业发展有机衔接的新经验新做法新模式，营造促进小农户健康发展的良好氛围。

农业农村部门要会同有关部门，对本意见实施落实情况进行跟踪分析和评估，重要工作进展情况及时向党中央、国务院报告。